Agnes Taubert

Philosophie gegen naturwissenschaftliche Überhebung

Eine Zurechtweisung des Dr. med. Geo Stiebeling

Agnes Taubert

Philosophie gegen naturwissenschaftliche Überhebung
Eine Zurechtweisung des Dr. med. Geo Stiebeling

ISBN/EAN: 9783743468740

Hergestellt in Europa, USA, Kanada, Australien, Japan

Cover: Foto ©Thomas Meinert / pixelio.de

Weitere Bücher finden Sie auf **www.hansebooks.com**

Philosophie

gegen

naturwissenschaftliche Ueberhebung.

Eine Zurechtweisung des Dr. med. Geo Stiebeling
und seiner angeblichen Widerlegung

der

Hartmann'schen Lehre
vom Unbewußten in der Leiblichkeit

von

A. T.

Berlin.
Carl Duncker's Verlag.
(C. Heymons.)
1872.

Inhalt.

	Seite
Einleitung	1
I. Voruntersuchung	9
1) Die Philosophie des Unbewußten	9
2) Annahme einer geistigen Ursache gewisser organischer und unorganischer Vorgänge	11
3) Annahme von Zwecken in der Natur	13
4) Princip der Nothwendigkeit	15
5) Augenlose Grottenthiere	16
II. Der unbewußte Wille in den selbständigen Rückenmarks- und Gangllienfunctionen	18
1) Bewußtsein geköpfter Frösche	19
2) Der Pflüger'sche Versuch	21
3) Gesetz der Reflexbewegung	21
4) Der Wille niederer Nervencentra's	22
5) Der Herzschlag als Reflexbewegung	24
6) Experimente an enthirnten Thieren	25
7) Uebergang der unwillkürlichen Reflexbewegungen zum bewußten Handeln	26
III. Die unbewußte Vorstellung bei Ausführung der willkürlichen Bewegung	28
1) Verbindung zwischen Groß- und Kleinhirn	29
2) Gehenlernen der Thiere	31
3) Macacus Rhesus	32
IV. Die unbewußte Vorstellung im Instinct	34
1) Bewußtes Wollen eines Mittels zu einem unbewußt gewollten Zweck	34
2) Spinne	37
3) Wendehals	38
4) Begattung der Vögel	39
5) Brüten der Vögel	40
6) Saturnia pavonia minor	40
7) Instinctive Furcht der Thiere	41
8) Instincte bei der Fortpflanzung	41
9) Cerceris bupresticida	42
10) Darwin's Ansicht über den Instinct	43

		Seite
V.	Die Verbindung von Wille und Vorstellung	46
VI.	**Das Unbewußte in den Reflexbewegungen**	48
	1) Definition der Reflexbewegung	48
	2) Reine und gemischte Reflexbewegung	49
	3) Reflexbewegungen enthirnter Thiere	51
	4) Durch bewußte Sinneswahrnehmung hervorgebrachte Reflexvorgänge	53
	5) Sprechenlernen der Kinder und Thiere	54
	6) Das laute Denken	55
	7) Die Aufmerksamkeit	56
	8) Blinde Flecke der Retina	58
	9) Erhaltung des Gleichgewichts	59
	10) Combination von Reflexwirkungen bei Entstehung der willkürlichen Bewegungen	60
	11) Experimente an Fröschen	63
VII.	**Das Unbewußte in der Naturheilkraft**	66
	1) Darwin's Theorie der „Pangenesis"	67
VIII.	**Der indirecte Einfluß bewußter Seelenthätigkeit auf organische Functionen**	71
	1) Polarität der Nervenmolecüle	72
	2) Vergleichung des Nervenapparates mit einer elektrischen Batterie	74
	3) Polarische Molecularwirkungen in verschiedenen Gebilden	77
	4) Empfindlichkeit der Haut	79
	5) Schmerzhaftigkeit entzündeter Knorpel und Sehnen	79
	6) Hemmungen in der Entwicklung des Embryo	81
	7) Der thierische Magnetismus	81
	8) Vegetative Functionen	82
	9) Einfluß der bewußten Vorstellung auf organische Functionen	83
IX.	**Das Unbewußte im organischen Bilden**	88
	1) Warum ist die organische Natur in Thier- und Pflanzenreich getrennt?	89
	2) Ist die Steigerung der Secretion unabhängig von der Resorption der eingeführten Nahrung	94
	3) Das Unbewußte in der Entwickelung des Eies	95
	4) Ernst Häckel über Naturforschung und Philosophie	97
	5) Louis Büchner über Naturforschung und Philosophie	100
	6) Schluß	103

Einleitung.

Unter dem Titel „Naturwissenschaft gegen Philosophie" veröffentlicht Dr. med. G. Stiebeling in New-York eine kleine Schrift, in welcher er eine „Widerlegung der Hartmann'schen Lehre vom Unbewußten in der Leiblichkeit" nebst einer „kurzen Beleuchtung der Darwin'schen Ansicht über den Instinkt" zu geben behauptet, gleichzeitig aber auch den Beweis führen will, „daß Philosophie und Naturwissenschaft zwei polare Gegensätze sind, welche nicht mit einander vereinigt werden können." (S. III.) Es ist dies von materialistischer Seite die erste Kundgebung gegen das Hartmann'sche System, welche mit der Prätension auftritt eine wissenschaftlich begründete Widerlegung der auf naturwissenschaftlicher Basis ruhenden speculativen Resultate desjenigen Philosophen geben zu können, welcher „die Wesensgleichheit von Geist und Materie" erkannt und dargelegt und damit den ersten Schritt gethan hat zu einer endlichen Beseitigung des uralten Streites zwischen Spiritualismus und Materialismus. Um so größere Erwartungen durfte man daher von diesem ersten Angriffe hegen, sowohl in Bezug auf die Art und Weise, als auf die Ergebnisse desselben. Das wissenschaftlich gebildete Publikum war zu der Voraussetzung berechtigt, daß nur eine naturwissenschaftliche Capacität ersten Ranges, ein umfassender Geist, der

Schärfe des Denkens mit ausreichendem Wissen und philosophischer Bildung vereinte, es unternehmen würde, die Fahne des Materialismus hochzuhalten, das Entgegenkommen der Philosophie als unthunlich zurückzuweisen, die wissenschaftlichen Fehler und Irrthümer derselben aufzudecken und die Richtigkeit des neuesten philosophischen Lehrsystemes zu beweisen. Nur eine solche Persönlichkeit, mußte man sich sagen, wird im Stande sein, die Interessen des Materialismus genügend zu vertreten einem Gegner gegenüber wie dem Hartmann'schen Princip des Unbewußten, das in seiner Durchsichtigkeit und Klarheit, seiner Vielseitigkeit und Tiefe, seiner realen Begründung und ideellen Folgerichtigkeit für viele Köpfe mindestens ebenso beweiskräftig ist als der nur mit Kraft und Stoff operirende Materialismus mit seinen letzten Consequenzen. Schon die Klugheit, wenn nicht das Anstandsgefühl einer Partei, erfordert es, einem solchen Feinde nur einen ebenbürtigen Gegner gegenüberzustellen, der Kühnheit, Kraft und Geschicklichkeit besitzt, ehrlich kämpft und mit der Fechtweise seines Gegenüber vertraut ist, mit einem Wort keinen Stümper, welcher sich selbst Blößen giebt und seiner eigenen Partei nur schadet.

Statt dessen finden wir nun aber in dem jüngsten Kämpen des Materialismus, Herrn Dr. med. Stiebeling eine Persönlichkeit, welche von all den angeführten Eigenschaften nur eine einzige besitzt, die Kühnheit, um nicht zu sagen Frechheit der Behauptung, denn nur Behauptungen, doch nie Beweise — sehr viele falsche ausgenommen — vermag er vorzubringen. So bleibt er, beispielshalber, gleich die erste seiner in der Vorrede aufgestellten Behauptungen, „daß Naturwissenschaft und Philosophie polare Gegensätze sind, welche nicht mit einander vereinigt werden können" zu beweisen schuldig, man müßte denn eine noch dazu sehr unbestimmte, lückenhafte Auseinandersetzung über die inductive Forschungsweise der Naturwissenschaft und die speculative der Philosophie (S. 8 und 13) als einen Beweis von der Gegensätzlichkeit beider Wissenschaften nehmen wollen. Höchstens wäre damit die Verschiedenheit der Wege bewiesen, welche von beiden zur Erreichung ihres gemeinsamen Zieles (Lösung aller vom Menschengeist in Bezug auf Welt und Dasein gethanen Fragen) eingeschlagen werden, — niemals aber die Polarität dieser Wissenszweige, welche auf das Innigste mit einander verwandt, gemeinsam aus dem tiefsten Grunde unsres Wesens, dem Drange nach Erkenntniß, aufwachsen und empor zum Lichte dringen.

Daß Stiebeling dies verkennt, der Philosophie jede Daseinsberechtigung abspricht, ihre Rolle für ausgespielt erachtet (S. V.) und in eitelster Selbstüberhebung das zukünftige Heil der Welt, die Lösung aller vorliegenden Fragen allein von der Naturwissenschaft und dem Materialismus erwartet, dies allein characterisirt ihn und seine Fähigkeiten, namentlich, wenn man vergleichend von ihm auf andre materialistische Forscher z. B. L. Büchner blickt, welcher, wie dies Stiebeling selbst anführt „auf eine Wiedergeburt der Philosophie unter dem Namen Realismus hofft und sich dabei eine Wissenschaft denkt, die ihre Grundsätze und Resultate nicht aus sich selber sauge, sondern einen Sammelpunkt bilde, in welchem die verschiedenen Wissenschaften ihre Ergebnisse zur gemeinsamen Verarbeitung niederlegten." (S. V.) Wäre Stiebeling nicht ein so gänzlich unphilosophischer, jedes idealen Gedankens unfähiger Kopf, so hätte ihn diese Aeußerung Büchner's stutzig machen müssen, ehe er die Verurtheilung einer Wissenschaft aussprach, der seit Plato's Zeiten bis auf den heutigen Tag stets die vornehmsten und auserwähltesten Geister gedient und gehuldigt haben. Statt dessen „hält er das Gedeihen einer solchen umfassenden Philosophie für unmöglich, weil die Masse des menschlichen Wissens jetzt schon so groß ist" („"zwar weiß ich viel!"") „und rasch wächst, daß ein Einzelner und wäre seine Capacität auch die höchste, nicht im Stande ist, selbst nur eine oberflächliche Kenntniß der Hauptpunkte aller wissenschaftlichen Disciplinen zu gewinnen." (S. V.) Jedenfalls eine eben so bequeme, als für Stiebeling characteristische Abfertigung Büchner's und der gesammten Philosophie, die ich am Besten dadurch widerlege, indem ich im Gegensatz zu derselben anführe, wie andre materialistisch gesinnte Naturforscher, und zwar Größen ersten Ranges, sich über die Philosophie äußern.

So sagt Ernst Häckel in seiner „Natürlichen Schöpfungsgeschichte" (2. Aufl. Berlin, Reimer 1870. S. 651, 656 u. 657): „Wie schon Göthe klar aussprach, „„kann die Materie nie ohne Geist, der Geist nie ohne Materie existiren und wirksam sein."" „Die nächste und unmittelbarste Folge desselben, die gänzliche Reform der Biologie, wird nothwendig die noch wichtigere und folgenreichere Reform der Anthropologie nach sich ziehen. Aus dieser neuen Menschenlehre wird sich eine neue Philosophie entwickeln, nicht gleich den meisten der bisherigen luftigen Systeme auf metaphysische Speculationen, sondern auf den realen Boden der vergleichenden Zoologie gegründet. Schon jetzt hat der geistvolle englische Philosoph Herbert Spencer dazu einen Anfang gemacht. Wie aber diese neue monistische Philosophie uns einerseits erst das wahre Verständniß der wirklichen Welt eröffnet, so wird sie anderseits in ihrer segensreichen Anwendung auf das praktische Menschenleben uns einen neuen Weg der moralischen Vervollkommnung eröffnen." Seite XXIX: „Indem wir nun diese dualistische Naturanschauung und die damit verbundenen amphitheistische Gottesvorstellung verwerfen, indem wir vielmehr die Einheit der gesammten Natur und des darin überall wirksamen göttlichen Geistes anerkennen, verlieren wir zwar die Hypothese eines persönlichen Schöpfers, gewinnen aber dafür die unzweifelhaft erhabenere und vollkommenere Vorstellung eines das All durchdringenden und erfüllenden göttlichen **Geistes.** Nach unserer innersten Ueberzeugung ist diese Vorstellung (consequent durchgeführt!) allein im Stande, den noch bestehenden Gegensatz von Realismus und Idealismus, Materialismus und Spiritualismus zu versöhnen, und in der höheren Vorstellungsweise des Monismus zu verschmelzen."

So äußert sich einer der genialsten deutschen Naturforscher, der kühnste Vorkämpfer des Darwinismus auf dem Festlande, einer von denen, die nicht nur bei den Frommen, sondern selbst bei den gemäßigten Freisinnigen am heftigsten als Materialisten verschrieen und verketzert werden. Merkwürdiger Weise kommt auch Wallace, der geistreiche Beobachter des Thierlebens und geachtete Concurrent Darwin's zu ähnlichen Resultaten; nach ihm ist Materie Kraft und nichts als Kraft, alle Kraft aber wahrscheinlich Willenskraft (Beiträge zur Theorie der natürlichen Zuchtwahl, Erlangen 1870, S. 420—421); es scheint ihm kein unbeweisbarer Schluß, „daß das ganze Universum nicht nur abhängig von dem Willen höherer Intelligenzen oder einer höchsten Intelligenz, sondern thatsächlich eben dieser Wille ist." (S. 423.) „Die Ansicht zu der wir jetzt gelangt sind, scheint mir bedeutender und erhabener, wie auch weit einfacher zu sein, als irgend eine andere. Sie zeigt das Universum, als ein Universum der Intelligenz und der Willenskraft." (S. 425.)

Wenn so die ersten Naturforscher unserer Zeit eben das fordern und ahnen, was Hartmann in seiner Phil. d. Unbew. verwirklicht und mit den merkwürdigsten Uebereinstimmungen im Einzelnen durchgeführt hat, so sollte ein Stiebeling vor solcher thatsächlichen Harmonie und Versöhnung von Philosophie und Naturwissenschaft doch wenigstens so weit stutzig werden, um minder dreist die Unmöglichkeit einer solchen in die Welt zu schreien, und damit in jenen bornirten Materialismus der 40er Jahre zurückzufallen, der, getragen von der Reaction gegen die Uebergriffe der Hegel'schen Philosophie, selbst in Deutschland bei den bedeutendsten Naturforschern und namentlich bei dem verheißungsvolleren Theile der jüngeren Gelehrtenwelt ein überwundener Standpunkt ist. In Deutschland hat man nachgerade eingesehen, daß eine bloß naturwissenschaftliche Weltansicht eine ebenso bornirte Einseitigkeit ist wie eine bloß religiöse (Mittelalter), oder eine bloß ethische (Kant-Fichte), oder ein bloß ästhetisches Bildungsideal (Schiller-Göthe und die Romantiker), oder eine rein historische Betrachtungsweise, oder sonst irgend eine einseitige Auffassungsweise der Welt. Man hat begriffen, daß die eigentliche Aufgabe des Modernen darin besteht, alle solche Einseitigkeiten als solche abzuthun, und zur Universalität vorzudringen, zu einer Weltanschauung, welche alle diese Gesichtspunkte harmonisch in sich vereinigt. Diese höhere Einheit zu schaffen, kann nun aber natürlich nicht mehr Aufgabe eines dieser einseitigen Gebiete oder Zweige sein, sondern die Aufgabe einer über allen stehenden und von ihnen allen getragenen Denkweise — und im Sinne dieser specifisch modernen höchsten Aufgabe ist es, daß Hartmann die Philosophie definirt (siehe "Gesammelte philosophische Abhandlungen" I. "Naturforschung und Philosophie" S. 8—9), wie er dieselbe in seiner "Philosophie des Unbewußten" zu verwirklichen sich bemüht.

Stiebeling hat natürlich für solche Weite des Blicks keine Organisation; sein Behagen und sein einziges Streben ist die Naturwissenschaft in ihrer natürlichen Einseitigkeit zur ausschließlichen Wissenschaft zu machen und alles, was jenseits derselben liegt, als unwissenschaftlich zu ignoriren. Daß der Mensch, und zwar der Menschengeist, dem Menschen das Nächste und Wichtigste ist und sein muß, wichtiger als die übrige Natur zusammengenommen, und daß die Naturwissenschaft mit dem Satze: "Geist ist Hirnfunction" vor diesem höchsten und wichtigsten Gebiete der

Wissenschaft Halt machen muß, ohne es betreten zu können, das alles irritirt einen Stiebeling so wenig, wie der Gedanke an die vom Sonnenlicht vergoldete Landschaft den Maulwurf nur einen Augenblick stutzig macht im Weitergraben seines dunkeln und engen Ganges.

Es ist wahr, daß die modernen Fortschritte der Naturwissenschaft den menschlichen Geist mit Stolz erfüllen können, aber das starke Anbauen dieses allzulange vernachläſſigten Gebiets darf doch für einen höheren Gesichtspunkt andere ebenso und noch mehr berechtigte Seiten der Wiſſenſchaft nicht beeinträchtigen, und wenn man Hartmann etwas zum Vorwurfe machen kann, so iſt es eher, daß er dem Zuge der Zeit nachgebend, der Naturwiſſenſchaft eine zu große, als daß er ihr eine zu geringe Berückſichtigung im Verhältniß zu den übrigen Gebieten eingeräumt hat; wieviel sein Werk dadurch an Anziehungskraft für die Gegenwart gewonnen hat, ebensoviel dürfte es an dauerndem Werth eingebüßt haben.

Ebenso unerwiesen wie die erste, ist die zweite von Stiebeling in der Vorrede aufgestellten Behauptungen: daß der Unterschied, welchen Hartmann zwischen Denken und Bewußtsein macht, ein unmöglicher sei, — ein Unterschied, welchen übrigens vor Hartmann Naturforscher wie Carus, Helmholtz, Wundt, Zöllner u. a. m. ganz in derselben Weise behufs Erklärung der Entstehung der Sinneswahrnehmung zu statuiren sich genöthigt sahen (S. Phil. d. Unb., 3. Aufl., S. 32—34). Zwar beschäftigt sich die 150 Seiten zählende Schrift ausschließlich mit dem Princip des Unbewußten, nirgends aber hat der Verfaſſer auch nur den Versuch dazu gemacht, einen Beweis für die Unmöglichkeit des Princips und des daraus sich ergebenden relativen Unterſchiedes zwischen Denken und Bewußtsein vorzubringen. Vielmehr beschränkt er sich überall auf das Bestreben die Unerwiesenheit des Princips zu constatiren, ja sogar an vielen Stellen seines Buches, wenn auch sicherlich unbewußt, Beweise für die Möglichkeit der

Hartmann'schen Annahme beizubringen und durch seitenlanges Abschreiben aus d. Phil. des Unbew. für die Verbreitung der Hauptideen Hartmann's Sorge zu tragen, eben so wie er sich selbst zu verschiedenen Malen empfindliche, krasseste physiologische Unwissenheit und logische Denkunfähigkeit verrathende Blößen giebt, um schließlich, wenn es mit seiner Weisheit zu Rande geht, zur absichtlichen Verdrehung Hartmann'scher Aussprüche, ja zur Verleumdung seines Gegners zu greifen.

Daß mit einer solchen Taktik dem materialistischen Interesse wenig gedient ist, liegt auf der Hand; ebenso, wie ersprießlich und willkommen b e i d e n Parteien das undankbare Unternehmen sein muß, ein derartiges Machwerk in seiner ganzen Blöße zu enthüllen. Der Zweck dieser Blätter ist es daher, S t i e b e l i n g s „Naturwissenschaft gegen Philosophie" in allen Einzelheiten zu prüfen und zu beleuchten und dadurch den Beweis der soeben aufgestellten Behauptungen zu liefern.

I.
Voruntersuchung.

Das Hartmann'sche Werk, die „Philosophie des Unbewußten", dessen Kenntniß ich bei den Lesern dieser Brochure voraussetze, zerfällt seiner räumlichen Eintheilung nach in 3 Hauptabschnitte, von denen die beiden ersten das Walten eines uns unbewußten geistigen Princips, des „Unbewußten", in der Leiblichkeit und im Geiste nachzuweisen und zu begründen suchen, während der dritte die Metaphysik des Unbewußten enthält. Von den 33 unter diese Rubriken vertheilten Capiteln des Gesammtinhalts beschäftigen sich 14 mit der naturwissenschaftlichen Begründung des Unbewußten und zwar derartig, daß die ersten im Abschnitt A begriffenen 8 Capitel gewissermaßen nur die Einleitung, die Vorstudien zu den letzten 6 unter dem Abschnitt C gegebenen bilden, welche die Hauptbeweise, die letzten Ergebnisse und Folgerungen enthalten. Der Naturforscher, welcher an eine gründliche Beurtheilung dieses Werkes gehen will, hat sich also nicht nur mit den im Abschnitt A gegebenen Capiteln, sondern ebenso mit dem II., IV.—VI., VIII. und IX. Capitel des Abschnitts C bekannt zu machen und auch die Resultate dieser einer Prüfung zu unterziehen. Freilich erfordern dieselben zu ihrem Verständniß und geistiger Durchbringung einen ungleich höheren Grad von Aufmerksamkeit, positivem Wissen und logischer Denkfähigkeit als die 8 Capitel des ersten Abschnittes — alles Dinge, die nicht Jedermanns Sache sind; derjenige jedoch, welcher sich das Recht der wissenschaftlichen Beurtheilung eines wissenschaftlichen Werkes anmaßt, hat die Pflicht, dasselbe in allen seinen, auch den schwierigeren Theilen zu studiren, und, wenn er es einer verurtheilenden Kritik unterwirft, auch diese in den Kreis seiner Betrachtung zu ziehen. Thut er dies nicht, so trifft seine Beurtheilung von vornherein der Vorwurf der Unvollständigkeit, ein Vorwurf, der unter solchen Umständen gleichbedeutend ist mit dem unergründlicher Leichtfertigkeit.

Stiebeling scheint dies nicht bedacht zu haben, denn von den 14 naturwissenschaftlichen Capiteln des Hartmann'schen Buches erfreuen sich (da er das 8te nur anführt, aber nicht bespricht), nur 7 seiner gütigen Beachtung (156 Seiten von 332), während die 7 hauptsächlichsten Capitel von ihm völlig unangefochten bleiben. Weßhalb er diese zarte Zurückhaltung beobachtet, ist nicht verständlich; jedenfalls aus gutem Herzen und in Hartmann's Interesse, da es in dem seinen doch liegen mußte, das Dasein des Unbewußten völlig zu widerlegen, nicht nur in Bezug auf den ersten Abschnitt, sondern auch in Bezug auf Gehirn und Ganglien als Bedingungen des thierischen Bewußtseins, in Bezug auf das Pflanzenreich, auf die Materie als Wille und Vorstellung, auf die Individualität, auf das Wesen der Zeugung und endlich in Bezug auf die aufsteigende Entwickelung des organischen Lebens auf der Erde (Darwin) — alles Dinge, welche vor das Forum der von ihm vertretenen Naturwissenschaft und zur Leiblichkeit gehören, aus welcher das Unbewußte hinauszuweisen der Verfasser sich doch zur Aufgabe gemacht hat. Das Capitel Gehirn und Ganglien als Bedingungen des thierischen Bewußtseins würde ihn freilich zu der unangenehmen Anerkennung gebrängt haben, daß Hartmann den Materialismus in Bezug auf die Auffassung des bewußten Seelenlebens vollständig acceptirt und in sein System aufnimmt, indem er ihn zugleich positiv überwindet, und das Capitel über die Materie würde ihn in die peinliche Lage versetzt haben, sein materialistisches Princip des Stoffs unter den Händen der philosophischen Kritik zerrinnen und sich in Geist auflösen zu sehen. Die übrigen Capitel würden häufige Veranlassung geboten haben, Stellen derselben auch bei Besprechung des Abschnittes A zur Erläuterung und Ergänzung heranzuziehen, und die Hartnäckigkeit, mit welcher Stiebeling die dringendsten Aufforderungen zu solchem Hinübergreifen vermeidet, läßt fast vermuthen, daß er von dem Werk, das er verurtheilt, überhaupt nicht mehr als das erste Viertheil gelesen hat.

Untersuchen wir nun, was derselbe wenigstens in Bezug auf die ersten 8 Capitel zu bemerken hat, so müssen wir uns zunächst mit der Einleitung seiner Schrift beschäftigen, in welcher er eine in großen Zügen entworfene Skizzirung des Hartmann'schen Systems giebt, welche man ihrer anfänglichen Haltung nach fast versucht sein könnte, als Reklame für den Philosophen anzusehen. Erst auf der fünften Seite schlägt der Berichterstatterton in Fehderuf um, und wir erfahren, daß Hartmann's Annahme einer geistigen Ursache gewisser organischer und unorganischer Vorgänge deßhalb eine irrige ist, weil wir „auf dem Wege der Erfahrung, der Beobachtung und des Experiments zu der Ueberzeugung kommen müssen, daß Wille, Vorstellung, Bewußtsein, Denken in der belebten Natur sich erst da unterscheiden lassen, wo Nerven-Elemente auftreten, daß die geistige Thätigkeit um so intensiver wird, je höher die Entwickelungsstufe des Nervenapparates ist. Man muß folglich annehmen, daß, wo dieser fehlt, auch jene nicht vorhanden ist." (S. 5.) Was diese Behauptung zu einer falschen macht, ist der Umstand, daß die moderne Naturwissenschaft deutliche Spuren von Bewußtsein, Wille und Vorstellung nicht erst in den Nerven, sondern bereits in der Zelle mit halbflüssigem Inhalt, dem Protoplasma der Protisten constatirt und nachgewiesen, das Protoplasma überhaupt als das Wirksame in den Nerven und Ganglienzellen anerkannt hat.

Wäre Stiebeling's Annahme richtig, so besäßen alle niederen Thiere keine Psyche, weder Bewußtsein, Willen, noch Vorstellung, eine Annahme, welcher er selbst widerspricht, indem er anführt, daß „beim Polypen Nerven- und Muskelstoff in einer Substanz vereinigt liegt, welche Bewußtsein, Wille und Bewegung in ihrer primitivsten Form vermittelt." (S. 17.) Die von ihm bezeichnete Grenze, bis zu welcher die Wissenschaft geistige Thätigkeit nachzuweisen vermag, ist also für ihn selbst sehr schwankend, so daß es mindestens voreilig von ihm ist, wenn er auf Grund dieser unsicheren, vagen und zweifelhaften Erkenntniß die Unmöglichkeit einer auch außerhalb des menschlichen Hirns und thierischen Nervenapparates sich wirksam beweisenden Geistesthätigkeit behaupten zu können glaubt. Es stimmt dies völlig mit der von ihm auf Seite 7 gemachten Erklärung, daß das, „was wir nicht wissen, für uns nicht existirt" — ein Satz, dessen Abgeschmacktheit im Munde eines Naturforschers nur um so eclatanter ist, der da wissen muß, daß der Mensch von zahllosen Einflüssen der Natur im Großen und Kleinen abhängig ist, die also sehr real für ihn existiren, und von denen er doch noch nicht das Geringste weiß. Herr Stiebeling aber, dem die Masse des menschlichen Wissens schon so erstaunlich groß vorkommt, ist auch trotzdem, daß er bescheiden genug ist, um sich deren Bewältigung nicht zuzutrauen, doch dreist genug, kurzweg als Nonsens zu leugnen, was außerhalb des beschränkten Horizontes liegt, den sein Wissen gerade umspannt. Somit, da der Begriff einer unbewußten Geistesthätigkeit ihm noch nicht aufgegangen ist, existirt dieselbe für ihn und damit auch überhaupt nicht.

Nach dieser unerwiesenen Behauptung wendet sich der Verfasser gegen die von Hartmann angewandte Forschungsmethode und zwar ohne jede vorhergegangene Erörterung darüber, folgendermaßen: „Das Prinzip des Unbewußten ist also von dem Verfasser nur auf dem Wege der Speculation festgestellt worden, es ist ein speculatives Resultat und als solches noch nicht einmal bewiesen. Um ihm mehr Stütze zu geben, begiebt er sich auf den Weg der Induction." (S. 7.) Abgesehen von der Unmöglichkeit, die psychologische Richtigkeit dieser Behauptung beweisen zu können, ist dieselbe in Bezug auf den zu Tage liegenden Gang der Hartmann'schen Untersuchungen völlig unwahr, indem derselbe sich streng an die inductiv-naturwissenschaftliche Methode hält und nur in soweit speculative Resultate liefert, als sich dieselben unmittelbar aus den realen Thatsachen, ebenso wie die letzten Schlüsse des Materialismus ergeben. Jeder Denkende, welcher die Philosophie des Unbewußten gelesen hat, wird mir darin beipflichten, daher ich es unterlassen kann, Weiteres über diesen Punkt zu sagen, zumal ich schon im Vorwort Hartmann's Forschungsmethode hinreichend skizzirt zu haben glaube.

Hierauf sucht der Verfasser Hartmann's Annahme von Zwecken in der Natur dadurch zu widerlegen, daß er den Philosophen daran erinnert, „daß das menschliche Denken, Wollen und Vorstellen in Schwingungen der Gehirnmolecüle besteht also ein materieller Vorgang ist" (S. 6) bei dem man „das Wollen eines Zweckes und Wollen eines Mittels nicht als rein geistige Vorgänge in Gegensatz bringen kann zu der Verwirklichung des Mittels und zur Verwirklichung des Zweckes als materiellen Prozessen." (S. 10.) Uebersetzt man sich diese mehr als unklare Argumentation in verständnißermöglichendes Deutsch, so ist nach Stiebeling die Annahme von Zwecken in der Natur deßhalb nicht richtig, weil das Wollen eines Zweckes nur da möglich ist, wo Schwingungen der Gehirnmolecüle vorhanden sind, oder mit anderen Worten weil die Natur kein Gehirn hat zum Denken oder Wollen eines Zweckes. Will man dies als eine Widerlegung nehmen, so ist dieselbe sicherlich nur für genügsame Seelen berechnet, denen Stiebeling's Wort genug ist um zu glauben, daß die Sache so und nicht anders ist. Anspruchsvollere, gründlichere Köpfe dagegen, welche die materialistische Doctrin nicht als feststehend von vornherein voraussetzen, auch nicht geneigt sind dieselbe auf Treu und Glauben anzunehmen, sondern sie belegt und begründet sehen wollen, solche Köpfe müssen sich nothwendig von Stiebeling's Armuth abwenden und zu Hartmanns Annahme neigen, die dieser doch wenigstens zu beweisen versucht. Ich rechne dahin unter anderem seine auf mathematischem Wege durch Wahrscheinlichkeitsrechnung versuchte Beweisführung, welche das überraschende Facit liefert, daß die Annahme eines, durch eine verborgene geistige Ursache gewollten Zweckes, z. B. bei Bildung des Auges = 0,9999999996 resp. 0,99997 b. h. = Gewißheit ist. Ein sicherlich doch zu erwägendes und näher zu untersuchendes Ergebniß, das Stiebeling indessen einfach abspeist mit der Versicherung, daß, da der Ansatz der Gleichung ein fehlerhafter sein muß, auch das Facit nur falsch sein kann, weßhalb ich den Leser mit den Einzelheiten derselben (der Rechnung) nicht belästigen will." (S. 10.) Ein sicherlich bequemes, wenn auch der Wissenschaft nicht allzu würdiges Verfahren.

Es folgt nun eine Auseinandersetzung, die wiederum ebenso einseitig als verkehrt ist, falls derselben nicht ein absichtliches Verdrehen Hartmann'scher Aussprüche zu Grund liegt. Die ganz richtige Bemerkung des Philosophen, daß in dem bloß mit der Materie beschäftigten Theil der Naturwissenschaften der Zweck als eine geistige Ursache ausgeschlossen bleiben müsse — nicht etwa weil er nicht darinsteckte, sondern weil er in diese Art der Betrachtungsweise nicht gehört, die bloß die Causalität zu untersuchen hat (Bacon) — diese Bemerkung glaubt Stiebeling dem Philosophen als Inconsequenz auslegen zu dürfen, weil „derselbe an einer andern Stelle behauptet, daß das Unbewußte stets nach Zwecken handle und nun plötzlich finde, daß die anorganische Natur eine Ausnahme mache!" (S. 11.) Es möchte fast unglaublich klingen, und dennoch ist es so: weil Hartmann behauptet, daß die Naturwissenschaft in der Materie nicht nach Zwecken, sondern nur nach der Causalität zu suchen habe, deßhalb nimmt er auch keine Zwecke in der anorganischen Natur an! Da ich zu Stiebeling's Ehre nur an seiner Schlußfähigkeit und vorläufig noch nicht an seiner Redlichkeit zweifeln will, so kann ich nur annehmen, daß er, der überhaupt nicht teleologisch gesonnen ist, Hartmann nicht verstanden hat, welcher die ganze unorganische Natur nur als Mittel für die organische betrachtet. Hätte der Verfasser die Phil. d. Unbew. zu Ende gelesen, würde ihm dies nicht entgangen sein, während er nun von seinem beschränkten Standpunkt aus den Philosophen meistern zu können glaubt durch den Hinweis: „In der anorganischen Natur herrschen keine Zwecke, sondern bestimmte Gesetze! Es gilt hier das Princip der Nothwendigkeit!" (S. 11.) — Als ob das ein Gegensatz wäre! Constante Zwecke, constante Mittel, das ist der Ursprung jeglichen Naturgesetzes und ein jedes dieser Gesetze ist logische Nothwendigkeit. Zum erstenmal scheint Stiebeling hier etwas von der Wahrheit zu ahnen, doch nur um sie mit einem andern Namen zu benennen, — das Dasein von Zwecken zu bestreiten, um die Nothwendigkeit anzuerkennen. Es ist sicher unbestreitbar, „daß es nicht regnet, damit die Erde fruchtbar werde, sondern weil der zu Tropfen verdichtete Wasserdunst vermöge seiner Schwere niederfallen muß; daß der Wasserdunst nicht in die Höhe steigt, damit es regnen möge, sondern weil er durch die ihn ausdehnende Wärme specifisch leichter geworden, nicht anders kann!" (S. 11.) Weshalb aber die bei diesen Vorgängen betheiligten Gesetze der Schwere und der Verdichtung grade solche sind, die eine organische Natur möglich machen — darauf hat Stiebeling keine Antwort. Er fragt auch nicht darnach, denn er ist vollkommen befriedigt durch die allerdings relativ richtige, aber doch noch sehr unvollkommene Erkenntniß, daß die Natur gewissen, von der Nothwendigkeit dictirten Gesetzen unterthan sei. Was aber das Treihende dieser Nothwendigkeit ist, darnach fragt er, — das Problem worauf es ankommt, ahnt er gar nicht. Das ist natürlich von Stiebeling nicht zu verlangen, daß er Hartmann's Beweis oder auch nur seine Behauptung begreifen sollte, daß Causalität und Finalität eines und dasselbe sind als **logische Nothwendigkeit**, und nur die verschiedenen Betrachtungsweisen derselben repräsentiren (vgl. Cap. C. XVI, 3. Aufl., S. 788—791) und daß Causalität gar nicht Nothwendigkeit, sondern nur zusammenhangslose Facticität sein könnte, wenn sie nicht **logisch gesetzte** Nothwendigkeit wäre. Solche tiefsinnige Synthesen, die jahrhundertelange Streitfragen wahrhaft positiv versöhnen, gehen selbstverständlich über die Gehirncapacität eines Stiebeling hinaus.

Die in der Natur herrschende Nothwendigkeit, die Hartmann ganz ebenso wie er anerkennt, zu beweisen (was also ganz überflüssige Mühe ist), greift er nun zum erstenmal zu einem positiven Beispiel. Dasselbe bezieht sich auf augenlose Fische, welche man in einem unterirdischen See Kentucky's gefunden hat, und von denen Stiebeling annimmt, daß sie vor Zeiten durch irgend ein Ereigniß in das Erdinnere gelangt sind, wo allmälig durch Lichtentwöhnung ihre Augen verkümmerten. „Daß in diesem Falle die Verkümmerung nicht nach einem Zweck, sondern nach dem Princip der Nothwendigkeit eintrat, ist offenbar." (S. 12.) Leider verhält sich dieser Fall nun aber nicht so wie der Verfasser annimmt, da neuere Forschungen (Dr. Joseph, Vortrag in der schlesischen Gesellschaft für vaterländische Cultur. 25. October 1869) dargethan haben, daß die erwähnten augenlosen Grottenthiere keineswegs durch Verkümmerung ihre Augen verloren, sondern niemals welche besessen haben, indem diese Augenlosen Reste einer früher umfangreicheren Vorzeitfauna sind. Träte nach dem Gesetz der Nothwendigkeit bei Grottenthieren stets Atrophie ein, so müßten dieselben alle augenlos sein, was jedoch nicht der Fall ist, zum Beispiel bei der Pselaphinengattung, Machaerites, welche nach den Untersuchungen von G. Joseph in zwei Arten in den Höhlen des Krainer Gebirges vertreten ist und deren Männchen Augen besitzen, während die Weibchen blind sind. Ebenso hat Cyclophthalmus duricorius einfache Augen auf der Spitze eines großen kegelförmigen Höckers am Kopfbrustschilde. Ebenso nichtssagend wie dieser ist der zweite Beleg Stiebelings, welcher von einem ausgewachsenen Reptil aus der Klasse der Lurche berichtet, das im zoologischen Garten zu Paris beständig auf dem Lande leben mußte, wodurch seine Kiemen völlig atrophirten, während die Lungen sich vollkommen entwickelten. Da der Verfasser vergessen hat, den Namen des Reptils, sowie die näheren Umstände anzugeben, so ist dieser Bericht ganz werthlos — für das Nichtvorhandensein von Zwecken in der Natur jedenfalls nicht das Mindeste beweisend.

Hiermit endet Stiebelings Einleitung und seine Widerlegung des Hartmann'schen Princips im Allgemeinen. Sehen wir nun, wie er dasselbe im Einzelnen widerlegt.

II.
Der unbewußte Wille in den selbständigen Rückenmarks- und Ganglienfunctionen.

Hartmanns Annahme des Vorhandenseins eines unbewußten Willens in den selbständigen Rückenmarks- und Ganglienfunctionen ist es zunächst, welche Stiebelings Widerspruch erregt, um so mehr als er sich auch damit nicht befreunden kann, daß Hartmann den Willen als eine Grund- oder Urthätigkeit des Geistes in allen Wesen erklärt. Da Stiebeling überhaupt keinen Geist, sondern nur Schwingungen der Gehirnmolecüle anerkennt, so wäre es wunderbar, wollte er eine Thätigkeit desselben gelten lassen, daher es nur consequent von ihm ist, wenn er auch den Willen als Aeußerung des Geistes bestreitet, und ein Wollen erst da annimmt, wo die Schwingungen der Gehirnmolecüle ihm einen hinreichend starken Grad zur Erzeugung eines Bewußtsein, und aus diesem hervorgehend auch des Willens, zu haben scheinen. Bei einem neugeborenen Kinde ist dies seiner Meinung nach noch nicht der Fall, denn „ein neugeborenes Kind hat noch keinen Willen; die erste Thätigkeit seines Gehirns besteht nur im Empfinden der auf seine sensuellen und sensiblen Nerven einwirkenden äußeren Reize. Die Bewegungen, welche auf diese Reize eintreten, sind unbewußt, sie haben mit dem Willen nichts zu thun, es sind Reflexacte (z. B. Saugen, Schreien, Athmen.)" S. 14. Mit dieser Behauptung glaubt der Verfasser das Vorhandensein eines unbewußten und bis zu einer von ihm nicht näher bezeichneten

Grenze auch das eines bewußten Willens widerlegt und damit den Beweis geführt zu haben, daß der Wille eine Thätigkeit des Bewußtseins ist, welche aus dem Empfinden hervorgeht. Untersucht man diese Behauptung, so möchte man fast glauben, daß Herrn Dr. Stiebeling in seiner Praxis niemals ein neugeborenes Kind begegnet sei, wenigstens keins, welches schrie, weil es trinken wollte. Ob derselbe dies auch als Reflexwirkung nehmen will, stelle ich ihm anheim; zugegeben jedoch, daß nicht nur dies, sondern auch alle anderen Aeußerungen eines neugeborenen Kindes nur Reflexwirkungen sind, so wäre damit das Nichtvorhandensein eines Willens doch noch immer nicht erwiesen, denn auch in den Reflexbewegungen weist Hartmann Willensacte nach. Erst durch eine Widerlegung dieser Annahme würde die Nichtexistenz des Willens außerhalb des Bewußtsein erwiesen sein. Stiebeling berührt diesen Punkt jedoch nicht im Entferntesten und läßt damit auch Hartmanns unbewußten Willen völlig unangetastet.

Der Verfasser wendet sich nun zu den einzelnen Beispielen, durch welche sein Gegner einen unbewußten Willen in den selbstständigen Rückenmarks- und Ganglienfunktionen darzulegen sucht. Das erste derselben, welches eines geköpften Frosches erwähnt, der lange nach der Operation ruhig liegen geblieben sei, doch plötzlich angefangen habe, Schwimmbewegungen zu machen, fortzuhüpfen und sich zu verkriechen, woraus hervorgeht, daß auch noch im Rückenmark Wille vorhanden ist, glaubt Stiebeling dadurch zu entkräften, daß er, der materialistische Denker, welcher Denken und Bewußtsein nur an das Hirn gebunden erachtet, nun plötzlich erklärt, der enthauptete Frosch habe noch ein Bewußtsein seiner Lage gehabt, das den Willen zum Forthüpfen ꝛc. in ihm erregte. Der Materialist par excellence übertrifft hier noch den Spiritualisten, denn während letzterer doch nur einen relativ unbewußten Willen im Rückenmark eines geköpften Thieres annimmt, behauptet der erstere sogar ein Bewußtsein mit Denk- und Ueberlegungsfähigkeit in demselben, nur um einen unbewußten Willen nicht anerkennen zu müssen. „Der geköpfte Frosch will sich erst dann vor seinen Verfolgern unter die Spinde retten, nachdem er eingesehen hat, sich bewußt geworden ist, daß sie ihn beschädigt haben und vielleicht noch mehr beschädigen wollen." (S. 17.) Ob ein geköpfter Frosch noch im Stande ist, „vielleicht" zu denken und derartige Schlüsse zu machen, will ich der materialistischen Kritik zur Entscheidung überlassen und nur die Gründe beleuchten, welche der Verfasser für diese Annahme beibringt.

Im Widerspruch mit seiner auf Seite 5 gemachten Erklärung, daß „Wille, Bewußtsein, Vorstellung, Denken sich erst da unterscheiden lassen wo Nervenapparate auftreten" nach deren Entwickelungshöhe sich die geistige Thätigkeit bestimmt, behauptet der Verfasser nun selber, was er an jener Stelle Hartmann gegenüber auf das Heftigste zu bestreiten die weitläufigsten Anstalten machte, daß nämlich bei den niedrigeren Organismen „Nerven- und Muskelstoff in einer Substanz vereinigt ist, welche Bewußtsein und Willen erzeugt," (S. 17.) die erst bei den höherstehenden Thieren durch einen selbständigen Theil des Nervenapparates hervorgebracht werden, welcher beim Menschen den höchsten Grad der Entwickelung erreicht. Wir dürfen also „beim Polypen die geistige Thätigkeit an die Mulder'sche Fibroine*) gebunden ansehen, bei den Insecten an die Ganglien, beim Frosch an das verlängerte Mark und Gehirn, bis sie sich zuletzt immer mehr in letzterem concentrirt" (S. 18). Der Verfasser nimmt an, daß

---

*) Diesen völlig veralteten Ausdruck aus der Zeit der ersten schüchternen Entdeckungen im Gebiete niederer Thiere reproducirt Stiebeling mehrere mal ohne jede Nebenbemerkung. Schon längst wurde derselbe (wenn wir nicht irren, von Dujardin) durch das Wort Sarcode ersetzt, und gegenwärtig braucht man fast ausschließlich das Wort Protoplasma. Stiebeling schreibt offenbar die Worte ab, ohne zu wissen, wovon die Rede ist.

unter den Wirbelthieren es nur die Fische und Amphibien sind, in deren verlängerten Marke Bewußtsein und Wille vorhanden ist, wobei er sich auf den Pflüger'schen Versuch stützt. Derselbe besteht darin, daß man die eine Seite eines enthaupteten Aales einer Kerzenflamme nähert, worauf dieser die Muskeln der anderen Seite contrahirt und sich zweckmäßig von der Flamme entfernt. Stiebeling nimmt dies für bewußtes zweckmäßiges Handeln und nicht für Reflexwirkung, da seiner Meinung nach für Wirbelthiere das Gesetz gilt, daß alle unbewußten oder Reflexbewegungen sich nur auf der Seite vollziehen, wo der Reiz erfolgt — ein Gesetz jedoch, das nur in des Verfassers Kopfe sonst aber nirgends existirt, das er durch Thatsachen zu belegen daher wohlweislich unterläßt. Kneift man z. B. einen geköpften Frosch an einem Hinterbeine, so zucken alle beide reflectorisch zusammen, woraus hervorgeht, daß die Reflexbewegung bei Wirbelthieren keineswegs nur an der gereizten Seite erfolgt. Wir haben daher auch das Wegkrümmen des Aales von der Flamme als durch unbewußten Willen dictirte Reflexbewegung anzusehen, ganz abgesehen davon, daß diese Bewegung, falls sie überhaupt eintreten soll, nur durch Contraction der auf der nicht gereizten Seite liegenden Muskeln erfolgen kann. Bei Vögeln und Säugethieren schlägt dieser Versuch fehl, was den Verfasser zu dem Schlusse bringt, daß auch der enthauptete Frosch noch Bewußtsein und Willen gehabt habe, während er dies bei allen anderen höheren Thieren leugnet. Im Grunde behauptet er hiermit fast dasselbe, was Hartmann annimmt, nur zu weitgehend für den Frosch, zu beschränkt urtheilend in Bezug auf die höheern Thiere. Wenn er im verlängerten Marke eines Frosches Willen und Bewußtsein anerkennt, so unterscheidet sich diese Annahme von der Hartmann's nur dadurch, daß letzterer den Willen des Thieres zum Forthüpfen ꝛc. einen unbewußten für das entfernte Gehirn nennt, in Bezug auf die Nervencentra, von denen dieſer Wille ausgeht denſelben jedoch ausdrücklich einen „klarer oder dunkler bewußten" nennt. „Wir wiſſen, daß das höhere thieriſche Bewußtſein von der Integrität des großen Gehirns bedingt iſt (ſ. Cap. C. II.) und da dieſes zerſtört iſt, ſind auch jene Thiere, wie man ſagt, ohne Bewußtſein, handeln alſo unbewußt und wollen unbewußt. Indeſſen iſt das Hirnbewußtſein keineswegs das einzige im Thiere, ſondern nur das höchſte, und das einzige, was in höheren Thieren und im Menſchen zum Selbſtbewußtſein, zum Ich kommt, daher auch das einzige, welches ich mein Bewußtſein nennen kann. Daß aber auch die untergeordneten Nervencentra ein Bewußtſein, wenn auch von geringerer Klarheit, haben müſſen, geht einfach aus dem Vergleich der allmälig abſteigenden Thierreiche und des Ganglienbewußtſeins der wirbelloſen Thiere mit den ſelbſtändigen Ganglien und Rückenmarkscentralſtellen der höheren Thiere hervor. Es iſt unzweifelhaft, daß ein des Gehirns beraubtes Säugethier immer noch klareren Empfindens fähig iſt, als ein unverſehrtes Inſect, weil das Bewußtſein ſeines Rückenmarkes jedenfalls immer noch höher ſteht, als das der Ganglien des Inſects. Demnach iſt der in den ſelbſtändigen Functionen des Rückenmarkes und der Ganglien ſich documentirende Wille keineswegs ohne Weiteres als unbewußt an ſich hinzuſtellen, vielmehr müſſen wir vorläufig annehmen, daß er für die Nervencentra, von denen er ausgeht, gewiß klarer oder dunkler bewußt werde; dagegen iſt er in Bezug auf das Hirnbewußtſein, welches der Menſch ausſchließlich als ſein Bewußtſein anerkennt, allerdings unbewußt, und es iſt damit gezeigt, daß in uns ein für uns unbewußter Wille exiſtirt, da doch dieſe Nervencentra alle in unſerem leiblichen Organismus, alſo in uns, enthalten ſind." (Phil. d. Unbew. 3te Aufl. S. 59). Wenn Stiebeling dies leugnet, wie er auf S. 17 thut, ſo laborirt er auch hier wieder an confuſem Selbſtwiderſpruch, da er auf S. 21 den

Philosophen richtig citirt. Eine solche Lüderlichkeit der Arbeit, wie sie sich hier documentirt, wäre, wenn auch nicht verzeihlich, so doch erklärlich bei flüchtigem Niederschreiben derselben in Gestalt einzelner Journalartikel; wie aber Stiebeling diese Selbstwidersprüche unbeachtet lassen konnte, als er die Producte seines kritischen Scharfsinns zum zweiten Male als Brochure herausgab, wäre völlig unverständlich, wenn nicht eine Denkunfähigkeit, die vom Unlogischen wenig tangirt wird, mit einer Arroganz zusammenwirkte, welche die letterigste Schreibweise für gut genug für das Publikum hält, sobald es nur i h r e h ö ch st e i g e n e Leistung ist.

Sein Kämpfen gegen den unbewußten Willen ist also ein durchaus unnöthiges, nur insofern berechtigtes, als Hartmann kein Hirnbewußtsein des Thieres annimmt, da das Hirn ja entfernt ist — thut Stiebeling dies für seine Person dennoch, so muß ich ihm überlassen, dieser sinnlosen Behauptung Sinn beizubringen. Der Pflüger'sche Versuch beweist allerdings ein gewisses Bewußtsein des enthaupteten Thieres, doch sicherlich kein umfassendes, vollständiges, denk- und schlußfähiges, wie es beim unversehrten Thiere ist, sondern nur ein auf das verlängerte Mark beschränktes, dem der Wille, gewisse Bewegungen zu verursachen, nur mehr oder minder, soweit die betheiligten, noch vorhandenen Nerven reichen, bewußt wird. Dies und nichts anderes behauptet Hartmann; der Pflüger'sche Versuch ist also weit eher ein Beleg für die Existenz eines relativ unbewußten Willens, als eine Widerlegung. Daß dieser Versuch bei Vögeln und Säugethieren fehlschlägt, beweist auch nicht, wie Stiebeling annimmt, daß diesen Thieren kein Rückenmarks- und Ganglienwillen zukäme; die geringere Lebenszähigkeit höherer Thiere bewirkt nur schnelleres Ersterben der Reizbarkeit niederer Centra bei gewaltsamen Eingriffen. Ueberdies erklärt Stiebeling selbst S. 24, daß seiner Meinung nach bei enthirnten Hühnern, falls diese „überhaupt noch Bewußtsein haben, dasselbe doch nur sehr dunkel sein kann." Da diese Thiere aber auch noch durchaus zweckmäßige Bewegungen machen, so kann es das von Stiebeling selbst bezweifelte Bewußtsein nicht sein, welches dieselben verursacht, da es hierfür jedenfalls zu dunkel wäre, sondern nur der unbewußte Wille. — Obzwar der Verfasser nun eigentlich gar nichts bewiesen noch widerlegt hat, hält er diese seine so eben angeführten Beweise und Widerlegungen doch für so schlagend, daß er durch dieselben das Dasein eines unbewußten Willens in den selbständigen d. h. ohne Mitwirkung des Gehirns und Rückenmarkes von sympathischen Nerven geleiteten Bewegungen schon mit widerlegt zu haben glaubt. Er übergeht daher beinahe gänzlich den von Hartmann im Herzschlag, in den Bewegungen des Magens und Darms, im Tonus der Eingeweide und Gefäße, sowie in einem großen Theil anderer vegetativer Processe nachgewiesenen unbewußten Willen. Genügsam, wie er immer in seinen Ansprüchen an Erklärungen ist, zeigt er sich auch hier damit zufriedengestellt, alle diese Vorgänge unter das für ihn völlig unverständliche und sinnleere Wort: „Reflexwirkungen" subsumirt zu haben, so z. B. den Herzschlag, indem er annimmt, daß das stets zum Herzen strömende sauerstoffhaltige Blut als Reiz auf die an der inneren Herzwand verbreiteten sensiblen Nerven wirke; „diese leiten den Eindruck nach den im Herzfleisch befindlichen Ganglien und durch die grauen Zellen derselben nach den mit diesen in Verbindung stehenden motorischen Fasern; so entsteht die Zusammenziehung des Herzmuskels; sie wird rythmisch, **weil** jede neue Blutwelle den Reiz wiederholt." (S. 28). Die Einseitigkeit der Erklärung dieser auf gegenseitiger Thätigkeit beruhenden Erscheinung liegt auf der Hand. Besäße nicht das Herz einen ihm innewohnenden Willen zu dieser Reflexbewegung, wäre in ihm nicht eine Kraft lebendig, die durch den äußeren Reiz bloß ausgelöst wird, so wäre in dieser Wechselwirkung von blutbewegender Herzcontraction und herzerregender Blutwelle das unmögliche perpetuum mobile verwirklicht. Das jeder Wille ohne Ausnahme zu seinem in Wirksamkeit Treten eines „Motivs" bedarf, das in der physiologischen Sphäre noch „Reiz" genannt wird, das weiß Hartmann mindestens eben so gut als Stiebeling; daß aber gerade die Blutwelle als der Reiz für den Willen der Herzcontraction zu betrachten sei, ist eine völlig unerwiesene und vielleicht experimentell unerweisbare Behauptung, also jedenfalls kein „exactes Wissen", wenn schon derselben ein gewisses Maaß von Berechtigung immerhin zukommen mag. Für das Wunderbare in der Einrichtung dieser Wechselwirkung hat er natürlich kein Auge. Er hat eben wiederum das Problem gar nicht begriffen und sieht eine Lösung, wo nur irgend welcher indirekter Causalzusammenhang zwischen zwei gegebenen Elementen zu einer gewissen, wenn auch noch so dürftigen Wahrscheinlichkeit gebracht ist. Uebrigens ist es eine den Physiologen bekannte Thatsache, daß man aus einem Frosche alles Blut durch Ausspritzen mit schwachem Salzwasser entfernen kann, und daß das Thier trotzdem noch stundenlang sich bewegt, springt und athmet wie ein unversehrtes Thier; ja selbst ein herausgenommenes und durch Ausspritzen mit Salzwasser von allem Blut befreites Froschherz vermag noch bis zwölf und mehr Stunden zu arbeiten ganz wie im lebenden Körper — was also sicherlich nicht bloße Reflexwirkung ist, am wenigsten eine durch den Reiz des hier fehlenden Blutes erregte.

Der Verfasser wendet sich hierauf noch einmal gegen die von Hartmann angeführten Beispiele, welche unbewußten Willen auch im Rückenmark von Säugethieren und Vögeln darthun sollen — allein, es ist wieder die alte Geschichte, „Reflexwirkung", die Stiebeling'sche Universalauskunft. Die unläugbar zweckmäßigen Bewegungen enthirnter Hühner, Tauben, Hunde, Kaninchen und Meerschweinchen, ihr Fliegen, Fressen, das Putzen ihres Gefieders ꝛc. ꝛc.

dies alles ist nach Stiebeling Reflexwirkung, verursacht „durch die Einwirkung der atmosphärischen Luft auf die Varol'sche Brücke und das kleine Gehirn." (S. 22.) Daß solche stark reizende Eingriffe des atmosphärischen Sauerstoffs in die zartesten Theile des Organismus Mitursache zu einigen, namentlich den stürmischen oder unzweckmäßigen Bewegungen dieser Thiere sind, ist unzweifelhaft; sie reichen jedoch nicht aus, um die ganz zweckmäßigen Handlungen derselben hervorzurufen. Denn, wenn z. B. eine durch Voit enthirnte Taube, der nach ihr greifenden Hand auszuweichen suchte, beim Fliegen sorgfältig alle Hindernisse vermied und sich geschickt auf schmalen Vorsprüngen niederließ (Phil. des Unbew. 3. Aufl., S. 58) — so wird dies, außer Stiebeling, wohl Niemand als Reflexwirkung ansehen, sondern nur als die Ergebnisse eines relativ unbewußten Willens. Daß auch die Reflexwirkung noch unbewußten Willen voraussetzt, hat der Verfasser hier wiederum nicht berücksichtigt, wogegen er aber auf S. 33 selbst zugiebt, daß diese Thiere noch „einen, wenn auch geringen Grad von Bewußtsein besitzen, indem nur ihr großes Gehirn weggenommen ist, in den Ganglien an der Basis und in der Rinde des kleinen Gehirns aber noch eine ziemliche Menge grauer Substanz thätig bleibt", welche der Verfasser als Träger aller ihrer geistigen Thätigkeit annimmt. Er behauptet hier also wieder fast dasselbe wie Hartmann.

Dieses Zugeständniß ist zugleich das Ergebniß des 2. Capitels, in welchem der Verfasser zu besserem Verständniß seiner Leser eine aphoristische Nervenphysiologie liefert, die sich jedoch niemals zu einer erklärenden erhebt, sondern nur den Character einer beschreibenden hat, noch dazu einer vielfach mit Fehlern und falschen Behauptungen gespickten; im Ganzen ebenso kennzeichnend für den naiven physiologischen Standpunkt des Verfassers, wie amusant für den für objektiven Humor empfänglichen Leser. Da dieselbe in Bezug auf die Widerlegung Hartmanns nichts Bemerkenswerthes bietet, so kann ich sie übergehen, bis auf das Schluß-resumé derselben, welches dahin lautet: „daß, wie überhaupt in der Natur nirgends scharfe Grenzlinien gezogen sind, so auch hier der Uebergang von der unwillkürlichen Reflex-bewegung zu dem bewußten, zweckmäßigen Handeln ein sehr allmäliger und durch viele Zwischenglieder vermittelter ist." (S. 33.) Eine für Stiebeling sehr bedenkliche Erklärung. Da er selbst eingesteht, die Grenze nicht zu kennen, bis zu welcher eine Handlung bewußt ist oder nicht, so weiß man wenigstens, was man von seinen Entscheidungen in Betreff dieses Punktes zu halten hat, falls dieselben nicht schon aus anderen Gründen hinfällig wären.

III.
Die unbewußte Vorstellung bei Ausführung der willkürlichen Bewegung.

Der Verfasser wendet sich nun gegen die von Hartmann behauptete unbewußte Vorstellung bei Ausführung der unwillkürlichen Bewegungen. Es handelt sich hier also um die Frage, wodurch der im großen Gehirn entstehende Wille, eine beliebige Bewegung auszuführen, die räumlich von ihm getrennt, im verlängerten Mark oder kleinen Gehirn liegenden richtigen centralen Endigungsstellen der motorischen Nerven herausfindet, um durch dieselben die gewollte Bewegung hervorzurufen. Eine mechanische Leitung ist hier nicht wohl denkbar; es ist klar, daß von der unermeßlichen Zahl von Bewegungsvorstellungen nicht eine jede besondere an eine gewisse Stelle des großen Gehirns gebunden sein kann, welche Stelle in Verbindung stünde mit den betreffenden Bewegungsnerven. Ebensowenig kann die bloß geistige Vorstellung auf die centrale Nervenendigung wirken und die gewollte Bewegung hervorrufen. Der bloße Wille als Bewegungsimpuls aber wäre absolut blind und daher das Treffen der richtigen Nervenenden dem reinen Zufall überlassen. Hartmann nimmt daher an, daß jede willkürliche Bewegung die uns unbewußte Vorstellung der Lage der entsprechenden Nervenendigungen im kleinen Gehirn voraussetzt, da sonst nicht einzusehen ist, wie das richtige Nervenende herausgefunden wird.

Dieser Annahme tritt Stiebeling nun entgegen, indem er

einen directen Uebergang der bewußten Vorstellung auf die centralen Endigungsstellen der motorischen Nerven nachzuweisen sucht und damit der **allgemeinen** physiologischen Annahme, daß das Kleinhirn **Centralorgan** der willkürlichen Bewegungen ist, entgegentritt. Seiner Ansicht nach „ist es über allen Zweifel constatirt, daß sowohl die motorischen wie sensiblen Nervenfasern in das große und kleine Gehirn eintreten und dort mit der grauen Substanz, dem eigentlichen Träger jeder geistigen Thätigkeit in unmittelbarer Berührung stehen." (S. 37.) Durch diesen Nachweis eines materiellen Leitungsmechanismus glaubt er das Problem gelöst und Hartmann widerlegt zu haben. Dagegen einzuwenden ist indeß, daß es **keineswegs** constatirt ist, (Dr. Stiebeling führe mir auch nur **eine** Autorität dafür an) daß die ins Kleinhirn eintretenden motorischen Fasern **continuirlich** bis zum Großhirn durchlaufen, vielmehr ist es wahrscheinlich, daß sie im kleinen Gehirn und im verlängerten Marke in **Zellen endigen**, aus denen **neue** Fasern austreten. Der Verfasser führt dies sogar selbst an auf S. 39, indem er von den sensiblen und motorischen Nerven der Extremitäten und des Rumpfes sagt, „daß sie sich in den hinteren Strängen des Rückenmarkes sammeln und von da nach dem kleinen Gehirn dringen, **mit dessen grauer Substanz sie in Verbindung stehen;** von dort aber treten motorische Fasern nach dem Hirnschenkel wo sie mit den vom großen Gehirn kommenden Bewegungsnerven sich vereinigen." Solche Fasern aber, welche Zellen des Großhirns mit den Zellen des Kleinhirns verbinden, können offenbar **nicht mehr** motorische im gewöhnlichen Sinne genannt werden, wie auch Stiebeling selbst nur die mit den zu contrahirenden Muskelfasern in **unmittelbarer** Verbindung stehenden Nervenfasern als motorische definirt. Hiermit ist also Stiebeling's dreiste Behauptung von dem **unzweifelhaft** constatirten Eintritt motorischer Fasern auch in das große

Gehirn als Windbeutelei erlebigt. Angenommen jedoch, Stiebeling's obige Behauptung wäre anatomisch richtig, so fiele damit doch noch immer nicht Hartmann's Annahme der unbewußten Vorstellung; denn das Problem besteht ja nicht darin, nachzuweisen, ob und auf welchen Wegen die telegraphische Verbindung zwischen den Schwingungen der bewußten Vorstellung im Großhirn und den motorischen Kräften überhaupt (sei es im Kleinhirn oder Großhirn) stattfindet, sondern auf welche Weise die Möglichkeit verständlich wird, daß der Impuls dieser motorischen Kraft **ein ganz bestimmter** wird, der unter den vielen motorischen Nervenendigungen mit **Vermeidung** aller übrigen gerade **diejenigen wenigen** gerade in **der Weise** afficirt. Stiebeling hat die Sache wiederum gar nicht erfaßt, wie er selbst auf Seite 37 fühlt. Daß, wie er behauptet, eine Verbindung zwischen sensiblen aus dem Großhirn kommenden und motorischen aus den Extremitäten kommenden Nerven in der grauen Substanz des Kleinhirns besteht, ist eine allbekannte Sache, damit ist jedoch noch immer nicht erklärt, wie jene Schwingungen der Gehirnmolecule, welche im großen Gehirn die Vorstellung einer gewollten Bewegung erzeugen, gleichzeitig auch die richtigen Bewegungsnerven treffen, da es im allgemeinen physiologisch unrichtig wie sachlich unmöglich ist, anzunehmen, daß die Vorstellung einer Bewegung gerade am centralen Ende der betreffenden motorischen Fasern erzeugt werde und diese mechanisch miterrege. Für einzelne Fälle kann etwas Aehnliches zufällige Geltung haben; die räumliche Beschränktheit des Gehirns schließt jedenfalls den Gedanken aus, daß von der unermeßlichen Zahl von Bewegungsvorstellungen und Vorstellungen complicirter Bewegungscomplexe jede einzelne an eine bestimmte Stelle des Großhirns gebunden, dieselbe nur für diese eine Vorstellung empfänglich sei und allein und ausschließlich mit dem einen betreffenden motorischen Nerven ein Kleinhirn correspondire. Es bleibt daher nichts anderes übrig, als mit Hartmann anzunehmen, daß der uns bewußten Vorstellung, eine beliebige Bewegung ausführen zu wollen, uns unbewußt zugleich diejenige der Lage der motorischen Nerven, welche zu diesem Zwecke getroffen werden müssen, innewohnt, denn es ist sonst nicht einzusehen, wie von dem motorischen Impuls statt des richtigen nicht jeder andere Nerv getroffen werden sollte (Vgl. übrigens Hartmann's Zusätze zu diesem Capitel in der 3. Auflage, welche die Sache noch deutlicher machen als der Text der 1. Auflage.) Durch diese Annahme erklärt es sich auch, wie Thiere ohne jede vorhergegangene Uebung oder Erfahrung gleich nach der Geburt schon die umfassendsten Bewegungscombinationen ausführen. Wäre ihnen nicht die Fertigkeit derselben angeboren, die unbewußte Vorstellung, wie sie ihre Muskeln, und durch welche Nervenfasern sie dieselben bewegen müssen, so wäre es ganz unfaßlich, wie z. B. „ein eben auskriegendes Insect seine sechs Beine so richtig in der Ordnung zum Gehen gebraucht als wenn es ihm gar nichts Neues wäre, oder eine eben auskriechende Brut Rebhühner, die von einem Haushuhn im Stalle ausgebrütet regelmäßig, trotz aller Vorsichtsmaaßregeln, sofort die Bewegungsmuskeln ihrer Beine richtig dazu brauchen, um die Freiheit ihrer Eltern wieder zu erobern, auch ihren Schnabel vollständig so zum Aufpicken und Verzehren eines ihnen begegnenden Insects zu brauchen wissen, als ob sie dies schon hundert Mal gethan hätten." (Phil. d. Unbew., 3. Aufl., S. 65). Stiebeling erklärt natürlich auch dies wieder mit gewohnter Meisterschaft, indem er Hartmann corrigirend behauptet, daß alle Thiere vom höchsten bis zum niedrigsten das Gehen erst lernen müßten, „wozu ein Kind etwas über ein Jahr, ein Insect dagegen nur einige Minuten" braucht. (S. 38). Ob die Fertigkeit des Gehens sich wirklich in einigen Minuten erlernen läßt, will ich hier nicht entscheiden; Herrn Dr. Stiebeling jedoch eine andre Thatsache vorführen, welche die Unmöglichkeit einer Annahme des

Gehenlernens, wenn auch nicht ihm, so doch denkenden Lesern darthun wird. Dieselbe bezieht sich auf einen jungen Bhunder (Macacus Rhesus — s. Brehm's illustr. Thierleben I, 64), von welchem Cuvier erzählt: „Etwa nach vierzehn Tagen begann dieses sich von seiner Mutter loszumachen und zeigte gleich in seinen ersten Schritten eine Gewandtheit, eine Stärke, welche alle in Erstaunen setzen mußte, weil beidem doch weder Uebung, noch Erfahrung, zu Grunde liegen konnte. Der junge Bhunder klammerte sich gleich Anfangs an die senkrechten Eisenstangen seines Käfigs und kletterte an ihnen nach Laune auf und nieder, machte wohl auch einige Schritte auf dem Stroh, sprang freiwillig von der Höhe seines Käfigs auf seine vier Hände herab und dann wieder gegen die Gitter, an welche er sich mit einer Behendigkeit und Sicherheit anklammerte, die dem erfahrensten Affen Ehre gemacht haben würde." Wie kommt nun dieser zum ersten Mal aus dem Fell seiner Mutter sich losmachende Affe zu dieser Gewandtheit ohne jede vorhergegangene Unterweisung, Uebung noch Erfahrung? Die Annahme eines Erlernens dieser Fertigkeit wäre widersinnig, daher kann sie nur angeboren, vermittelst der unbewußten Vorstellung dem Thiere ermöglicht sein. Daß bei andern Thieren und namentlich beim Menschen, seiner bei der Geburt noch so wenig vorgeschrittenen geistigen wie körperlichen Entwickelung wegen, Uebung und Erfahrung zur Ausführung der willkürlichen Bewegungen erforderlich ist, ist selbstverständlich und giebt Hartmann (S. 314) auch zu; diese kann die unbewußte Vorstellung jedoch niemals ersetzen, sondern das Wirken derselben auf die Nervencentra nur erleichtern. Ebenso ist das Beispiel der Alten bei gewissen Thieren, z. B. bei den Haushühnern, wichtig, nothwendig jedoch keineswegs wie Stiebeling annimmt. (S. 38). Vögel, die wie die Talegallahühner aus Neu-Guinea, gar nicht ausgebrütet werden, sondern von selbst aus einem von den Eltern über die Eier geschütteten Haufen

Laub und Erde sich hervorarbeiten müssen, müssen sich sofort ihre Nahrung selbst suchen ohne jede vorangegangene Anleitung zum Gebrauch ihres Schnabels. Im Berliner zoologischen Garten sind kürzlich zwei ausgekommen, die sofort so flink liefen und flogen, daß sie mit Mühe durch Treibjagen wieder eingefangen wurden.

Aus allen diesen Beispielen geht hervor, daß die willkürlichen Bewegungen bei Menschen wie Thieren eine unbewußte Vorstellung, die angeborne Fertigkeit des richtigen Gebrauchs der betreffenden Nerven und Muskeln voraussetzt. Es ist auch in diesem Capitel dem Verfasser nicht gelungen, Hartmann's Annahme zu widerlegen, oder gar etwas Besseres an Stelle derselben zu geben.

IV.

Das Unbewußte im Instinkt.

Das nun folgende Capitel sucht „das Unbewußte im Instinkt" zu widerlegen, gleichzeitig aber auch Darwin's Annahme der Vererbung des Instinkts als eine irrige darzuthun, sowie das Dasein des Instinkts als solchen überhaupt zu bestreiten. Die hypermaterialistische Richtung des Verfassers macht sich auch hier wiederum geltend und verleitet ihn zu Annahmen und Behauptungen, die einer wissenschaftlichen Erörterung eigentlich kaum würdig sind, da sie in das Gebiet des Belachens- um nicht zu sagen des Bemitleidenswerthen fallen, deren Widerlegung ich daher nur deßhalb unternehme, weil meine Aufgabe — die Richtigkeit der Stiebeling'schen Schrift zu beweisen — es erfordert.

Die ersten zwölf Seiten des Capitels geben eine im tadellosesten Reclamenstyle gehaltene Darlegung der Hartmann'schen Ansichten über den Instinkt, die kurzgefaßt denselben als „bewußtes Wollen eines Mittels zu einem unbewußt gewollten Zweck" definirt. Bei seiner Feindschaft gegen das Unbewußte kann Stiebeling diese Definition nicht gelten lassen und zwar deßhalb: „weil sie durchaus keine Beweiskraft hat, indem der Hauptpunkt, auf welchem die Schlußfolgerung ruht, falsch ist. Derselbe besteht in der Behauptung des Verfassers, daß die causale Verbindung zwischen der motivirenden sinnlichen Vorstellung und dem Willen zur Instinkthandlung erfahrungsmäßig, wie wir von unseren menschlichen Instinkten wüßten, **nicht ins Bewußtsein falle. Dieses verhält sich ganz anders.** Nehmen wir z. B. den Appetit einer Schwangeren nach einer gewissen Speise, so liegt die **causale Verbindung** zwischen dem **Anblick des gewünschten Objects** oder seiner sinnlichen Vorstellung und dem Willen zum Essen desselben offenbar in **dem Glauben, daß es gut schmecke,** und dieser letztere ist doch sicherlich eine bewußte geistige Thätigkeit." (S. 44). Die Bornirtheit, ja völlige Verdrehtheit dieser Erklärung kann nur durch die Selbstgefälligkeit übertroffen werden, mit der der Verfasser sie abgiebt, der auch hier wiederum gar keine Ahnung hat von dem, um was es sich eigentlich handelt. Der Glaube, daß die gewünschte Speise gut schmecke, ist allerdings der der Frau ins Bewußtsein fallende Grund zu ihrem Verlangen; woher ihr aber dieser Glaube kommt, den sie vorher nicht gehabt (diese Gelüste sind bekanntlich oft sehr sonderbarer Natur z. B. nach Kreide, Kohle oder Bleistiftspitzen ꝛc.) und auch später nicht mehr hat — diese Frage, auf die es eigentlich ankommt, bleibt wie immer Stiebeling völlig unbewußt. Die Antwort Hartmann's auf dieselbe, daß die capriciösen Appetite gesegneter Frauen sich vermuthlich dann einstellen, „wenn ein besonderer Zustand der Frucht eine eigenthümliche Blutmischung wünschenswerth macht" (3te Aufl, S. 89), welcher, dem Bewußtsein unbewußte Zweck das Verlangen nach einer gewissen Speise wachruft, was nur durch den (irrthümlichen) Glauben an den Wohlgeschmack derselben geschehen kann — diese Antwort ist Stiebeling zu hoch. Er glaubt daher mit seiner abgeschmackten Widerlegung derselben das Unbewußte im Instinkt völlig abgethan zu haben, indem er auch nicht das Geringste weiter darüber sagt, sondern sich nur darauf beschränkt, einige von Hartmann's angeführten Beispielen dadurch beweisunfähig zu machen, daß er dieselben auf bewußte Seelenthätigkeit, sowie auf die körperliche Organisation

der Thiere zurückgeführt, ja das Vorhandensein des Instinkts
überhaupt bestreitet. Da seiner Meinung nach diese letztere Behauptung den Standpunkt der neueren Zoologie repräsentirt, so
kann ich nicht umhin zu bemerken, daß dieser Standpunkt keineswegs neu, sondern bereits sehr veraltet, derjenige der 40ger und
50ger Jahre ist, der aber durch die Descendenztheorie endgültig
überwunden ist, und in Deutschland nur noch von solchen alten
Zoologen festgehalten wird, die unfähig waren sich in das Neue
zu finden. — Hartmann's scharfsinnige, den Gegenstand auf
das Gründlichste beleuchtende Auseinandersetzungen und mit
wahrhaft philosophischem Geist geschriebene Erörterungen übergeht Stiebeling sammt und sonders, weil seiner Meinung
nach alles darin Angeführte „entweder sehr leicht ohne Zuhülfenahme des Instinkts erklärt werden kann oder aber ganz falsch
beobachtet ist und also keine Beweiskraft hat." (S. 48). Mit
dieser überaus bequemen Abfertigung, die zu begründen er nicht
die mindesten Anstalten macht, begnügt er sich, ohne ein Wort
zu bemerken über Hartmann's Nachweis, daß 1) die Instinkte
ganz verschieden sind bei gleicher Körperbeschaffenheit; 2) bei verschiedenen Organisationen oft dieselben sind; 3) daß der Instinkt
nicht ein von der Natur eingepflanzter Gehirn- oder Geistes-
mechanismus ist; 4) über die körperliche Prädisposition des
Instinkts; 5) seine Beeinflussung und Ergänzung durch bewußte
Seelenthätigkeit; 6) über seine Abweichungen; 7) die nicht auf
Gewohnheit beruhenden und schließlich 8) über die Masseninstinkte.
Dies Alles ignorirt Stiebeling als wäre es nicht vorhanden,
macht auch nicht den leisesten Versuch einer Widerlegung des hier
überall von Hartmann nachgewiesenen Unbewußten, und läßt
die feinsten und beweiskräftigsten Auseinandersetzungen seines
Gegners völlig unberücksichtigt. Während Hartmann's Auffassung des Instinkts sich gerade dadurch vor allen bisherigen
auszeichnet, daß er ihn als den eigentlich innersten Kern des

Individuums selber, als einen Ausfluß von dessen tiefstem unbewußten Wesen, gleichsam als eine dem Thiere innewohnende Individualvorsehung darstellt, also einen äußerlich eingepflanzten Mechanismus ebenso entschieden zurückweist wie ein von einem jenseitigen Gotte kommendes Soufflieren, hat Stiebeling so wenig ein Verständniß für diese vertiefte und vergeistigte Auffassung, daß er seinem Gegner die ganz andersartige, etwa auf den Standpunkt eines platten rationalistischen Deismus passende Ansicht imputirt, welche den Instinkt als eine „von einem Schöpfer eingepflanzte Eigenschaft", (S. 70) „als einen von einem höchsten Baumeister zugeflüsterten Befehl" (S. 68) ansieht. Den einzigen Versuch einer Widerlegung macht er, wie schon gesagt, durch Untersuchung einiger Beispiele, indem er von den 70—80 thatsächlichen Belegen seines Gegners 18 — und zwar grade die unbedeutendsten — auf bewußtes zweckmäßiges Handeln, oder auch auf die körperliche Organisation der in Rede stehenden Thiere zurückzuführen und dadurch das Unbewußte in denselben zu widerlegen sucht. Sehen wir daher, was er wenigstens in Bezug auf diese Beispiele erreicht, welche Hartmann nach seiner eigenen, von Stiebeling (S. 57) übersehenen Angabe (3. Aufl., S. 95) zum großen Theil dem berühmten Physiologen Burdach aus dessen Werk „Blicke in's Leben" entnommen hat. — Das erste derselben, an welchem er seinen Scharfsinn beweist, bezieht sich auf die Thatsache, daß eine Spinne, deren Gespinnst man fortgesetzt zerstört, dasselbe stets von Neuem wieder herstellt, bis sie vor Erschöpfung stirbt, wodurch Hartmann das Große und Achtungeinflößende des Instinkts belegt, dessen Gebote mit Hintenansetzung alles persönlichen Wohlseins, ja mit Aufopferung des Lebens erfüllt werden. Nach Stiebeling ist bei der Spinne das bis zur Erschöpfung fortgesetzte Spinnen nun nicht Instinkt, sondern bewußtes Handeln, zu dem Zwecke Fliegen und Insecten zu fangen: „Zerstört man ihr Gespinnst, so stellt sie es in derselben Absicht wieder her, und fährt damit so lange fort, als ihre Kräfte es gestatten, weil sie eben nur auf diese Weise ihre Nahrung gewinnen kann. Daß diese beständige Absonderung ihrer Spinndrüse sie endlich bis zum Tode erschöpfen wird, davon weiß sie nichts, weil sie es eben noch nicht erfahren hat." (S. 53.) Ob die Spinne von der sie befallenden Erschöpfung, die sie doch schmerzhaft empfinden muß, nichts weiß, will ich dahingestellt sein lassen, obzwar es für Herrn Stiebeling zu beweisen doch etwas schwierig sein möchte; entgegnen muß ich ihm aber, daß das Thier keineswegs nur mit Hülfe seines Netzes Nahrung zu gewinnen vermag, sondern auch des Nachts auf Raub ausgehen und schlafende Insecten fangen kann, wie dies viele Spinnen thun. Der einzige von ihm angeführte Grund, weshalb man die Spinnthätigkeit des Thieres auf bewußten Motiven beruhend annehmen könnte, ist also nicht stichhaltig und damit auch seine Behauptung hinfällig. — Noch deutlicher wird dies am zweiten Beispiel bezüglich des Weibchens eines Wendehalses, „dem man das nachgelegte Ei stets wieder aus dem Neste nahm und das, immer wieder von Neuem begattet, ein Ei zulegte, bis man es beim neunundzwanzigsten todt auf dem Neste fand. Es hatte dabei beständig die Absicht, das abhanden gekommene Ei zu ersetzen, um dann die volle Zahl zu bebrüten und ahnte nicht im Geringsten, daß diese fortgesetzte Zeugungsthätigkeit ihm schaden würde." (S. 53.) Durch diese wahrhaft alberne Erklärung glaubt er bewiesen zu haben, daß hier nicht Instinkt, sondern bewußtes Handeln vorliege, obzwar er nicht einen einzigen Grund dafür, sondern nur diese seine Behauptung anführt. Ich glaube nicht, daß irgend Jemand dies als eine „Widerlegung" ansehen wird noch kann, da die Frage, auf die es ankommt, völlig offen bleibt und es immer noch zu erklären bleibt: weshalb das Bewußtsein des Vogels in so capriciöser Weise durchaus die Zahl n verlangt, und warum er sich nicht mit n—1 begnügt, wie so viele Vögel, zumal wenn er die Erschöpfung fühlt, und sieht, daß die Eier immer kleiner werden.

Hierauf wendet sich Stiebeling gegen die Annahme, daß die Zeugungsthätigkeit der Thiere überhaupt eine instinktive sei, indem er es bestreitet, daß Vögel nach Erzielung von Nachkommenschaft sich nicht mehr begatteten. Hierfür führt er ein Beispiel des Gegentheils an, welches er selbst beobachtet hat. Dasselbe bezieht sich auf eine ungetreue Täubin, welche, während ihr Gatte sie beim Brüten ablöste, sich den Liebkosungen eines andern Täuberichs hingegeben hatte (S. 54). Da es sich hier um das Eingreifen eines fremden Männchens in eine Ehe bei gezähmten und ihrer Natur durch Generationen hindurch mehr oder minder entfremdeten Thieren handelt, so beweist dieser vereinzelte Fall gar nichts. Höchstens könnte er als Beleg dienen für das Vorkommen instinkt- und naturwidriger Handlungen bei Tauben, da dieselben ihrer Natur nach monogamisch sind, aber eben, weil es ein Fall von ohnehin instinktwidrigem Verhalten, kann derselbe nimmermehr als Instanz dienen gegen Hartmanns Ansicht vom Wesen des Instinkts als solchen. Dagegen ist zu bemerken, daß Hartmanns Ansicht über den unbewußten Zweck im Begattungsinstinkt der Thiere in schlagender Weise durch die allgemeine Erfahrung unserer Thiergärten und Menagerien bestätigt wird, nach welcher die meisten Thiere, namentlich Vögel und Raubthiere, die Lust der Begattung verschmähen, wenn ihnen nicht eine ihrem Naturleben möglichst entsprechende Gelegenheit zum Nestbau oder Wochenlager gewährt wird. Nun können aber die jung eingefangenen oder in der Gefangenschaft gebornen Thiere unmöglich eine bewußte Kenntniß von dem causalen Zusammenhange zwischen der Begattung und dem viel später eintretenden Bedürfniß eines Nestes oder Wochenlagers haben, und da doch die Berücksichtigung dieses Zusammenhanges ihr Handeln bestimmt, so ist dieses eben ein unbewußt zweckmäßiges, d. h. instinctives.

Daß Vögel in heißen Ländern das Brüten unterlassen, weil der Instinctzweck des Brütens — die Küchlein zur Reife zu bringen — hier schon ohne ihre Zuthun erfüllt wird, erklärt Stiebeling, den Instinct bei Seite schiebend folgendermaßen: „Zur Reifung der Eier ist bekanntlich ein Temperaturgrad erforderlich, welcher der Eigenwärme des Thieres gleichkommt. Der Vogel bebrütet also nur dann seine Eier, wenn er fühlt, daß sie kälter sind als er selbst; ich denke, das ist ganz einfach." S. 55. Das „Bekanntlich" für den Verfasser ist hier auch ein „Bekanntlich" für den Vogel; weil Stiebeling es weiß, daß eine der Eigenwärme des Vogels gleichkommende Temperatur zum Reifen der Eier erforderlich ist, daher weiß es der Vogel auch. Woher derselbe es aber weiß, und wodurch er es weiß, wenn nicht durch den Instinct — darüber schweigt der geistvolle Erklärer, es seinen Lesern überlassend, sich darüber schlüssig zu machen, ob der Vogel naturgeschichtlichen Unterricht genossen hat.

Nicht immer führt der Verfasser die der gewöhnlichen Ansicht nach Instinct verrathenden Handlungen gewisser Thiere auf bewußte Ueberlegung derselben zurück, sondern auch auf die eigenthümliche oder mangelhafte Organisation ihres Körpers. So nimmt er an, daß das Verpuppungsgespinnst der Raupe des Nachtaugenpfaues (Saturnia pavonia minor [3. Aufl. S. 81], Stiebeling schreibt hier ohne Bemerkung aus Hartmanns erster Auflage einen lateinischen Namen von längst veralteter Terminologie ab: Bombyx carpini), welches so künstlich gearbeitet ist, daß es von außen durch andere Thiere schwer, von innen dagegen leicht zu öffnen ist, nur deshalb so wunderbar construirt ist, weil die Organisation ihres Spinnapparates es nicht erlaubt (S. 56), dasselbe anders auszuführen. Obwohl viele andere Raupen mit demselben oder ganz ähnlichem Spinnapparat wesentlich andere Verschlüsse fertigen, so würde doch selbst die Einräumung der unbegründeten Stiebeling'schen Behauptung das Problem nicht erledigen, denn weshalb der Spinnapparat gerade so und nicht anders ist, als er zur Hervorbringung des kleinen Kunstwerks sein muß, erfahren wir wieder nicht.

Nach dieser Schablone sind alle Erklärungen Stiebelings beschränkt, einseitig, ja wahrhaft kindisch, wie die folgende, welche sich auf die instinctive Furcht mancher Thiere vor ihren natürlichen Feinden bezieht, z. B. die der Pferde vor Löwen und Raubthieren, auch wenn sie aus Ländern kommen, wo es keine giebt; die der jungen Tauben vor den Raubvögeln, auch wenn ihnen dieselben zum erstenmal vor jeder Erfahrung begegnen ꝛc. ꝛc. „Wenn Kinder zum erstenmal einen Neger oder einen Schornsteinfeger sehen, oder noch nie gehörte, ungewöhnliche Töne vernehmen, so bekommen sie in der Regel Angst und schreien. Warum sollte das bei Thieren in dem ähnlichen Falle nicht auch geschehen?" (S. 58.) Ob dies eine wissenschaftliche Widerlegung ist, kann ich meinen Lesern ohne weitere Bemerkung überlassen. Ich wenigstens wüßte nicht anzugeben, inwiefern ein Taubenstößer für eine Taube furchterweckender aussehen soll als eine Krähe oder ein Kuckuck, oder warum die Witterung eines Löwen für ein Pferd schrecklicher riechen soll als die eines Moschusthieres. — Eben so nichtig ist die folgende Erklärung, welche ohne Zuhülfenahme des Instincts Licht werfen soll über das zweckmäßige, voraussichtige Verhalten schwangerer Säugethiere, auch wenn dieselben noch niemals zuvor geboren haben. Der Verfasser nimmt an, daß die Thiere eine Art von Sprache haben, und „es somit ganz gut möglich wäre, daß ein Säugethier, welches zum ersten Male schwanger ist, entweder von seinem Männchen oder von andern Weibchen derselben Gattung über das zukünftige Ereigniß belehrt würde." (S. 61.) Ob er unter „andern Weibchen" vielleicht sages femmes versteht, sagt er nicht, doch liegt diese Annahme, die Möglichkeit der Thiersprache in so hohem Grade, wie er dieselbe annimmt, vorausgesetzt, sehr nahe. Bei dem Reiz des Gegenstandes ist es sehr zu bedauern, daß der Verfasser sich auch hier wieder nur andeutend ausdrückt und jeden Versuch einer Beweisführung seiner Annahme unterläßt.

Nach diesen Proben Stiebeling'scher Erklärungs- und Widerlegungsweise glaube ich im Interesse meiner Leser zu handeln, wenn ich die außer den angeführten noch vorhandenen Erklärungsversuche desselben übergehe, da sie sammt und sonders das Vorhandensein des Instinkts in Abrede stellen und dadurch auch das Unbewußte im Instinkt bestreiten. Wie weit es ihm gelungen ist diese beiden Begriffe zu vernichten glaube ich durch die angeführten Beispiele hinreichend dargethan zu haben, daher ich nur noch Stiebeling's Kritik der Darwin'schen Lehre von der Vererbung des Instinkts zu erörtern habe.

Bevor ich dieselbe darlege jedoch noch eine Bemerkung. Auf Seite 63 findet sich eine Notiz über eine Wespenart Cerceris buprestieida, welche Hartmann, wie Stiebeling rügend bemerkt, irrthümlicher Weise als eine Wanzenart bezeichnet hat, ein Versehen, welches natürlich für die Sache ganz gleichgültig und nebenbei bemerkt der einzige thatsächliche Irrthum ist, dessen der Verfasser den Philosophen zu überführen vermag, falls es nicht gar bloß, was wohl möglich, ein übersehener Druckfehler ist. Hierbei begegnet ihm selbst jedoch das kleine Mißgeschick fünfmal hintereinander, treulich einem Druckfehler der 1. Auflage der Philosophie des Unbewußten folgend, Cerceris buprostioida zu schreiben, während es bupresticida heißt, welcher Fehler es fast zur Gewißheit macht, daß Stiebeling die Berichtigung wohl nur vom Hörensagen haben kann, da er nachschlagend den Druckfehler hätte bemerken müssen. Eben so wenn er selber nur ein wenig Latein verstünde, um sich den

Namen zu überſetzen: Buprestidae = Prachtkäfer, caedo = tödten, daher bupresti-cida = Prachtkäfer-Tödter, (wie parricida = Vatermörder). Jedenfalls durfte ihm, als Fachgelehrter und Naturforſcher dieſes Verſehen nicht begegnen, da daſſelbe ein eigenthümliches Licht auf ſeine Kenntniſſe wirft, die zum großen Theil bis auf die Druckfehler und veralteten Nomenclaturen (vgl. oben S. 17 und 40) hinab, erſt der Philoſophie des Unbewußten entnommen zu ſein ſcheinen — die wenigen richtigen, welche er beſitzt, vor allem.

Nachdem Stiebeling den Philoſophen Hartmann todtgemacht, wendet er ſeine erhabenen Belehrungen gegen den größten Naturforſcher dieſes Jahrhunderts, gegen Darwin, indem er deſſen Lehre von der Vererbung des Inſtinkts theils zu widerlegen, theils lächerlich zu machen ſucht. Lobend erkennt er zwar an, daß Darwin: „den Inſtinkt nicht als eine feſtſtehende, dem Individuum von einem Schöpfer eingepflanzte Eigenſchaft, ſondern als eine von der Organiſation und den äußeren Umſtänden abhängige Function betrachtet. Nach einer anderen Seite hin kann er indeſſen das herkömmliche Vorurtheil nicht los werden, indem er glaubt, daß der Inſtinkt, eben ſo wie der körperliche Bau, vererbt werden können, daß alſo gewiſſe Triebe und Geſchicklichkeiten angeboren wären." (S. 70.) Das Beſte was wir von Darwin empfangen haben, iſt nach Stiebeling alſo ein herkömmliches Vorurtheil, welche dummdreiſte Behauptung er folgendermaaßen begründet: „Nach dem heutigen Stand der Kenntniſſe ſind wir genöthigt anzunehmen, daß jede Thätigkeit des Körpers, ſei ſie nun auf den centralen Nervenapparat beſchränkt, alſo geiſtiger Natur, oder mit Muskelbewegung combinirt, urſprünglich auf dem Wege des Reflexes entſteht, d. h. durch Reize, welche mittels der Empfindungsnerven von außen nach innen geleitet werden. Da nun die Wirkungen dieſer Reize im Gehirn nicht auf der Organiſation des Individuums ſelbſt, ſondern nur auf ihrer eigenen Qualität beruhen, (ein ruhiges Wasser z. B. wird einem jungen Hühnchen eben so, wie einer jungen Ente als ebene Fläche erscheinen) und da wohl erstere, nicht aber letztere, weil sie vom Individuum unabhängig ist, vererbt werden kann, so muß man schließen, daß alle sogenannten angeborenen Triebe und Geschicklichkeiten entweder durch Erfahrung erworben werden oder auf andere Weise zu Stande kommen." (S. 71.) Dieser Theorie nach müßten z. B. alle Hunde sich zu Jagdhunden eignen und heranbilden lassen, was jedoch nicht der Fall ist, woraus hervorgeht, daß die Wirkung des Reizes, welches den Reflexvorgang hervorruft, also hier das Wild, nicht von allen Hunderacen gleich empfunden wird. So gelehrig ein Pudel auch ist, wird er doch nie zum Jagen zu gebrauchen sein und zwar nicht allein weil er nicht fähig ist, das Wild einzuholen, sondern hauptsächlich deßwegen, weil sein Gehirn nicht so wie das des Jagdhunds durch Hasen und anderes Wild erregt wird. Diese Thatsachen sind allgemein bekannt, so daß es überflüssig ist, noch ein Weiteres darüber zu sagen. Das Raisonnement eines Stiebeling kann höchstens ihm in materialistischer Seichtigkeit Ebenbürtige blenden, wird aber niemals in den Augen aller denkfähigen Köpfe Darwin's Verdienste auch nur um eines Haares Breite schmälern. Seine Lehre von der Vererbung des Instinkts ist eine für alle Zeiten feststehende, wenn gleich auch Stiebeling behauptet, daß sie „ebenso wenig möglich ist, als daß das Kind eines Glöckners bei dem erstmaligen Anblick einer Glocke ohne Weiteres zu läuten anfinge." (S. 74.) Daß derartige Argumente, Behauptungen und sinnlose Vergleiche sich jeder wissenschaftlichen Erörterung durch ihre Nichtigkeit entziehen liegt auf der Hand; sie richten sich selbst und Zeitverschwendung würde es sein, wollte ich mich auf dieselben einlassen. Zur Erheiterung meiner Leser gebe ich daher nur noch ohne allen Commentar nachfolgendes Cabinetsstück Stiebeling'scher Erklärungsweise, wodurch er Darwin's und Hartmann's Lehre den Gnadenstoß zu geben meint. „Als einen der besten Beweise für die Vererbung des Instinkts hat man seit jeher den Trieb der von einer Henne ausgebrüteten Enten angesehen, trotz der Abmahnungen ihrer Pflegemutter, in das Wasser zu gehen. Hier ist gewiß von Erfahrung und Unterricht keine Rede, dessen ungeachtet läßt sich die Sache ganz natürlich erklären. Die Enten haben Schwimmfüße, und sehr kurze weit von einander abstehende Beine, eine Organisation, welche zum Schwimmen sehr geeignet, zum Gehen aber äußerst unbequem ist; man bezeichnet deßhalb die Art ihrer Fortbewegung auf dem festen Lande auch oft mit einem eigenen Wort, man sagt, die Ente watschelt. Auf unebenem Grund und bergauf kommt sie nur langsam und mühselig voran, während sie auf einer ebenen und geneigten Fläche leichter und schneller gehen kann.*) Diesen Einfluß der Bodengestaltung auf ihre Locomotion entdecken die jungen Enten sehr rasch; die Folge **davon** ist, daß sie sobald ein Wasserspiegel in ihren Gesichtskreis tritt, ohne Verzug auf denselben zueilen, da er ihnen als ebene Fläche erscheint und der Weg dahin mehr oder weniger geneigt ist; in dem Momente wo sie ihn be**treten,** sind sie in ihrem Element und schwimmen von selbst." (S. 76.)

---

*) Diese Bemerkung wird richtig, wenn man sie umkehrt: Die Ente geht auf einer geneigten Fläche bequemer bergauf als bergab, weil der Schwerpunkt ihres Körpers erheblich vor den (als Ruder weit zurückstehenden) Füßen liegt.

Außerdem ist noch zu bemerken, daß während Stiebeling auf S. 38 behauptet „alle Thiere vom höchsten bis zum niedrigsten müßten erst Gehen lernen" und jede körperliche Geschicklichkeit durch Uebung sich erwerben, er hier nun selbst zugiebt, daß bei der jungen Ente „von Erfahrung und Unterricht keine Rede sei" und sie „von selbst" schwimme.

V.
Die Verbindung von Wille und Vorstellung.

Im fünften Capitel behandelt der Verfasser die Verbindung von Wille und Vorstellung; zunächst zugebend, daß, wie Hartmann annimmt, „Vorstellung und Wille zusammengehören und streng genommen gar nicht unabhängig von einander vorkommen." (S. 78). Zur Erläuterung dieses Zugeständnisses sieht er sich indeß zu folgender höchst interessanter Erklärung veranlaßt: „Ueberhaupt ist die Trennung der geistigen Vermögen in Empfindung, Gefühl, Vorstellung, Vernunft, Bewußtsein, Willen, Gedächtniß u. s. w. eine unberechtigte; sie werden alle durch die Function der grauen Substanz hervorgerufen und lassen sich sammt und sonders entweder als Empfindung oder als Vorstellung oder als Wille auffassen. Diese drei Zustände unterscheiden sich von einander nur durch den **Spannungsgrad** oder die **Schwingungszahl** der in Thätigkeit befindlichen Hirnzellen, wie ja auch die Farben des Lichtes in ähnlicher Weise bedingt sind. Empfindung nimmt dabei die niedrigste, Vorstellung die mittlere und Wille die höchste Stufe ein, so daß letzterer als die Culmination der ersteren betrachtet werden muß." (S. 78). Aus dieser mustergültigen Erklärung geht hervor, daß man sich mit den Untersuchungen auf psychologischem Gebiet bis jetzt sehr viel unnöthige Mühe gegeben hat. Doctor Stiebeling war es vorbehalten die große Entdeckung zu machen, welche alle hierauf bezüglichen Fragen und

Probleme mit einem Schlage löst. Gefühl, Vernunft, Bewußtsein und Gedächtniß ꝛc. ꝛc. — dies alles existirt nicht, sondern nur die graue Substanz ist, deren drei verschiedenen Spannungsgrade oder Schwingungszahlen der in Thätigkeit befindlichen Hirnzellen Empfindung, Vorstellung und Wille erzeugen. Demnach bliebe nur noch zu erklären, wie die drei Spannungsgrade sich zu den drei Schwingungszahlen verhalten, da dies doch zwei, oder eigentlich sechs, wenn nicht noch mehr Dinge sind, und wie aus der Wechselwirkung derselben Empfindung, Vorstellung und Wille entsteht. Leider giebt uns der Verfasser hierüber keinen Aufschluß, wodurch die neueste Errungenschaft des Materialismus vorläufig noch etwas dunkel bleibt, dafür jedoch ein um so helleres Licht wirft auf Herrn Dr. Stiebeling's sich augenscheinlich in merkwürdigstem Schwingungszustande befindende graue Substanz. —

Die weiteren Darlegungen Hartmanns, welche sich auf unbewußtes Wollen und Vorstellen bezieht, glaubt der Verfasser übergehen zu können, da er die Unhaltbarkeit jener Begriffe seiner Meinung nach bereits in den vorhergehenden Capiteln genügend dargethan hat. Wie weit ihm dies gelungen ist, habe ich im I. und II. Capitel gezeigt, ich wende mich deshalb dem VI. Capitel zu, welches das Unbewußte in den Reflexbewegungen zu widerlegen sucht.

VI.

Das Unbewußte in den Reflexbewegungen.

„Reflectorische Bewegungen nennt man solche, bei welchen der excitirende Reiz weder ein contractiles Gebilde, noch einen motorischen Nerven unmittelbar trifft, sondern einen Nerven, welcher seinen Erregungszustand einem Centralorgan mittheilt, worauf durch Vermittelung des letzteren der Reiz auf motorische Nerven überspringt und nun erst durch Muskelbewegung sich geltend macht." Diese Definition Volkmanns (Wagners Handwörterbuch der Physiologie Bd. 2, S. 542), mit welcher Hartmann seine Untersuchung der Reflexwirkungen einleitet, ist es zunächst, gegen welche Stiebeling opponirt, wie er denn auch noch an einigen anderen Stellen gegen den berühmten Nervenphysiologen auftritt. Seiner Meinung nach ist diese Definition zu allgemein und unbestimmt, da die Reflexwirkung „streng genommen die gesammte Thätigkeit des peripherischen und centralen Nervensystems, soweit sie mit Bewegung verbunden ist, umfaßt, denn auch der scheinbar selbstständige Gedanke des Gehirns stammt ursprünglich von außen (er wurde früher gelesen oder gehört oder vermittels einer Analogie gebildet) und wirkt, wenn er sich zum Willen erhebt, auf den motorischen Nerv als Reflex." (S. 81 bis 82.) Diese für Stiebeling selbst characteristische Ansicht, die jedenfalls nicht enger und bestimmter, sondern weiter und unbestimmter ist, als die Volkmann's, ist das folgerichtige Ergebniß seiner ganzen materialistischen Richtung. Da er die

Gesammtthätigkeit des Organismus nur als ein Ergebniß der Materie betrachtet, außer welcher für ihn weiter nichts existirt, so ist es ganz natürlich, daß ihm Alles zur Reflexthätigkeit wird, d. h. zu einer nur durch äußeren materiellen Reiz hervorgebrachten Wirkung, und zwar nicht nur die körperliche, sondern auch die geistige Bewegung, das Denken. Hartmann behauptet in gewissem Sinne dasselbe, aber da er alle bewußte Geistesthätigkeit als eine zweckmäßige Reaction des unbewußt Geistigen auf die im Gehirn vorhandenen Reize betrachtet, so bleibt für ihn die Möglichkeit einer zweckmäßigen und logischen Direction der Gedankenprocesse und einer schöpferischen Conception originaler Talente und Genies vollständig gewahrt, während in Stiebelings materialistischer Auffassung des bewußten Denkens als schlechthin mechanischer Reflexe auf die empfangenen Reize für alle diese Thatsachen jede Verständnißmöglichkeit aufhört.

Er unterscheidet daher zwischen reiner Reflexbewegung und gemischter. Die erstere ist seiner Ansicht nach **unwillkürlich** und **unbewußt** (er macht hier unbewußt dem Unbewußten Concessionen); die gemischte dagegen unwillkürlich jedoch bewußt, wie der Herzschlag, der „als Herzklopfen gefühlt und dadurch bewußt wird." (S. 82.) Beide, die reine wie die gemischte Reflexbewegung, gehen „allmählich durch vermittelnde Zwischenglieder in das willkürliche zweckmäßige Handeln über." (S. 82.) Dieses Zugeständniß ist sehr wichtig, da es eine Behauptung zugiebt, auf die von Hartmann besonderer Werth gelegt wird. Das Beispiel vom Herzschlage ist jedoch wiederum sehr unglücklich gewählt, da in ihm **weder der Reiz**, welcher die Reflexbewegung auslöst, **noch der Wille**, der die Reflexbewegung vollzieht, zum Hirnbewußtsein gelangt, sondern nur Empfindungen, welche durch **die bereits vollzogene** Reflexbewegung als **secundäre Folgeerscheinung** in anderen Organen hervorgerufen werden (Anschlag des Herzens an die benachbarten Körpertheile, wie

Rippenfell u. s. w.). Solche nachträglich hervorgerufene und die Entstehung des Vorgangs selbst gar nicht berührende Mitempfindungen kann nur die oberflächlichste Gedankenlosigkeit als Zwischenglied zwischen reinen, d. h. vollständig unbewußten Reflexionsbewegungen, und willkürlichen, d. h. vollständig nach Motiv und Ausführungswille bewußten Bewegungen aufstellen. Die wirklichen Uebergänge bestehen darin, daß zuerst der Reiz und dann der Ausführungswille deutlicher oder undeutlicher bewußt wird, zunächst in niederen Nervencentris und endlich im Gehirn, wie dies Hartmann hinreichend ausgeführt hat. Nach ihm liegt allen Reflexbewegungen, selbst jenen, welche durch einen bewußten Reiz hervorgerufen werden und eine bewußt gewollte Wirkung haben, eine unbewußte Thätigkeit zu Grunde, welche die uns unbewußten, zwischen Reiz und Wirkung liegenden, Zwischenglieder vermittelt und leitet. Es ist ersichtlich, daß diese Annahme nicht entkräftet werden kann durch eine Behauptung, wie die obige, welche noch dazu Hartmanns Ansicht zum größten Theil zugiebt, indem Stiebeling von der reinen Reflexbewegung selbst aussagt, daß dieselbe „unwillkürlich und unbewußt ist." (S. 82.) Dieses Zugeständniß wiederholt sich noch an verschiedenen anderen Stellen (z. B. S. 83, 86, 93, 99 ꝛc. ꝛc.), so daß man gar nicht einzusehen vermag, weshalb der Verfasser sich so große Mühe giebt, nachzuweisen, daß einige der von Hartmann angeführten Beispiele theilweise oder ganz vom bewußten Denken hervorgebracht werden, da er doch selbst den flüssigen Uebergang von Unbewußtsein und Bewußtsein, von „reinen" und „gemischten" Reflexbewegungen zugestanden hat. (S. 82.) Den unbewußten Character der reinen Reflexwirkungen einsehend, ist er nicht im Stande die nöthigen Folgerungen daraus zu ziehen, welche Hartmanns Behauptung ausmachen, und dies noch nicht einmal so sehr aus natürlicher Beschränktheit seines Blickes, als weit mehr noch, weil seine dogmatischen materialistischen Vorurtheile ihn daran verhindern. Er geräth hierdurch in unaufhörliche Widersprüche, so daß die hieraus wiederum hervorgehende Confusion und Verwirrung seiner Ansichten wahrhaft grenzenlos ist und nur noch überboten wird durch die Naivität und Ungenirtheit, mit der er seinen Lesern sein Mengelmuß auftischt. Das Unbewußte zugebend, sucht er es in der nächsten Minute wieder zu bestreiten, oder auch so darzustellen, als ob es etwas ganz Selbstverständliches wäre und nicht etwas, das zu widerlegen er doch eigentlich unternommen hat. So sagt er von der regelmäßigen Systole, welche man an einem ausgeschnittenen Froschherz durch einen Nadelstich hervorrufen kann, daß dieselbe „allerdings eine reine Reflexbewegung ist" (S. 83), von welchen er (S. 82) behauptet, daß dieselben stets „unbewußt und unwillkürlich sind." Daß er hiermit die Behauptung seines Gegners zugiebt, scheint ihm gar nicht einzufallen, da er ohneauch nur den leisesten Versuch einer Widerlegung zu machen, im Text fortfährt, nicht als habe er soeben den in Frage stehenden Punkt, sondern etwas ganz Selbstverständliches berührt und anerkannt.

Nachdem der Verfasser so das Hauptsächlichste der Hartmann'schen Annahme, den unwillkürlichen unbewußten Character der Reflexbewegungen mit so liebenswürdiger Bereitwilligkeit anerkannt und zugegeben hat, glaubt er den Beweis führen zu müssen, daß diese Reflexbewegungen dessenungeachtet bewußte sind. Er wendet sich daher zunächst gegen die zweckmäßigen Reflexbewegungen enthaupteter Frösche und enthirnter Hunde — dieselben als aus „bewußter Ueberlegung" hervorgehend bezeichnend. Der Leser wird sich erinnern, daß bereits im I. und II. Capitel gelegentlich des unbewußten Wollens und Vorstellens diese Beispiele erörtert wurden und daß Hartmann ebenso wie Stiebeling bei den in Rede stehenden Thieren noch ein gewisses dunkles Bewußtsein annimmt.

Wie dieser erkennt auch Hartmann gemischte Reflexbewegungen an, d. h. solche, bei denen der excitirende Reiz, sowie die hervorzubringende Wirkung ins Bewußtsein fällt, oder auch nur der erstere, niemals jedoch die Zwischenglieder, welche die Ausführung ermöglichen, die vielmehr stets dem Hirnbewußtsein völlig unbewußt bleiben, während sie den Nervencentris, welche die Bewegung vollführen, mehr oder minder bewußt werden. Daß letzteres auch bei den enthirnten Thieren der Fall ist, und nur dies, geht schon aus dem Mangel ihres Hirns hervor. Der enthauptete Frosch macht sicher keine Schlüsse, noch ist er sich des Zweckes seiner Reflexbewegungen bewußt, denn das geringe Bewußtsein, welches er noch besitzt, würde hierzu nicht ausreichen, wenn nicht eben auch noch seinen Reflexbewegungen unbewußter Wille und unbewußte Vorstellungen innewohnten, die jene Bewegungen zweckmäßig leiteten. Während Stiebeling an anderer Stelle die Zweckmäßigkeit der Bewegungen enthirnter Thiere bestreitet (S. 21), wo er sie als „unzweckmäßig" erklärt, giebt er sie hier zu, indem er behauptet, daß sie aus bewußter Berechnung entspringe. Eins ist so falsch wie das andere. Einerseits nämlich wird bei den mächtigen pathologischen Eingriffen in die edlen Organe die normale Functionsweise derselben verrückt, und so wird die unter normalen Bedingungen zum Vorschein kommende Zweckmäßigkeit allerdings gestört, und im Ganzen betrachtet oft in Unzweckmäßigkeit in Bezug auf die obwaltenden Verhältnisse verkehrt. Aber dies beweist nichts gegen die Zweckthätigkeit des Unbewußten. Denn einerseits wird diese gerade unter so abnormen Verhältnissen um so glänzender dadurch documentirt, daß die so entstandenen Bewegungen doch noch im Einzelnen höchst zweckmäßig arrangirt sind, und immer noch einer gewissen, zwar den Verhältnissen Rechnung tragenden aber sie nicht mehr bewältigenden Zweckmäßigkeit dienen, wie wenn z. B. der geköpfte Frosch die gekniffene Stelle frottirt, um den gefühlten Hautreiz zu beseitigen, aber nicht mehr sein Heil in der Flucht sucht, wie der gesunde.

Das Wunderbare in der Zweckmäßigkeit dieser Action ist nun gerade das Detail der Combinationen zahlreicher Impulse auf die verschiedensten motorischen Nervenendigungen, durch welche eine große Anzahl verschiedener Muskeln theils gleichzeitig, theils nacheinander in einer solchen Weise contrahirt werden, daß daraus die complicirte Combination der Hin- und Herbewegung des reibenden Beines entsteht. Gerade diese Zweckmäßigkeit der Combination der Elemente dieser Bewegung ist aber offenbar unter den obwaltenden Umständen eine unbewußte, nimmermehr aus Ueberlegung der niederen Nervencentralorgane zu erklärende, vielmehr eine ganz ebenso unbewußt zweckmäßige Funktion wie die den Blutumlauf mit so wunderbarer Feinheit regelnde alternirende Function des Herzens, für welche Stiebeling, wie wir eben sahen, selbst wohl nicht das Bewußtsein als ursächlichen Factor, sondern nur als Folgeerscheinung heranziehen will. Stiebelings Beweis des bewußten Ursprunges dieser Reflexbewegungen ist also als völlig verunglückt zu betrachten.

Er wendet sich hierauf gegen die durch bewußte Sinneswahrnehmungen hervorgerufenen Reflexvorgänge, die zum Theil auch willkürlich erzeugt werden können, z. B. das Tasten, die Absonderung des Speichels, die Spannung des Trommelfells, beim Sehen die Richtung beider Augencentra nach der Stelle des größten Reizes, die Accomodation der Linse zur Entfernung und der Iris zur Lichtstärke u. s. w. Was die drei letzten Functionen anbetrifft, so bemerkt Stiebeling über dieselben wiederum mit größter Naivität, daß sie alle „reine, ungemischte Reflexthätigkeiten sind, sie geschehen unbewußt und können nicht unwillkürlich ausgeführt werden." (S. 86.) Der Abwechselung halber kämpft der Verfasser hier nun wieder für das Unbewußte, indem er Hartmann's Annahme, daß die genannten Functionen auch bewußt und willkürlich hervorgerufen werden können, bestreitet. In Bezug auf die Iris, die dem bewußten Willen nicht unterthan ist, hat Stiebeling Recht und liegt hier wohl ein stilistisches Versehen Hartmann's vor. Für alle anderen Vorgänge ist Hartmann's Behauptung jedoch zutreffend und daher aufrecht zu erhalten. Das Trommelfell wird z. B. willkürlich erschlafft bei Erwartung eines lauten Schalls (Kanonenschusses), gespannt beim Horchen; ebenso kann man die Speichelabsonderung jeden Augenblick willkürlich steigern und alle andern genannten Vorgänge beliebig erzeugen, jedoch nur „durch die Vorstellung des veränderten Sinneseindrucks" (Phil. d. Unb. 3. Aufl. S. 115), — also durch einen rein geistigen Vorgang. Was übrigens Stiebeling durch das Bestreiten dieser Thatsachen für die Widerlegung des Unbewußten, das er in diesem Fall vertheidigt, eigentlich erreichen will, ist complett unverständlich.

Was die übrigen Bewegungen beim Schmecken, Tasten, Riechen, Hören und Sehen anbelangt, so können sie nach des Verfassers Meinung gar nicht zu den Reflexvorgängen gerechnet werden, da sie bewußt geschehen; ebenso wenig rechnet er das Sprechenlernen der Kinder und Thiere, das Abrichten der Vögel zum Pfeifen hierher. Daß das Sprechenlernen der Kinder auf einem unbewußten, reflectorischen Zwang beruht, der sie nöthigt das Gehörte zu reproduciren, weiß Jeder, der Kinder oder Thiere unbefangen beobachtet hat. Kinder sprechen gewöhnlich „Alles" nach, was sie hören und auffangen, Dinge, die sie weder verstehen noch kennen, und von denen sie gar nichts wissen können. Wollten sie nur das sagen, „was sie einsehen, kennen und im Bewußtsein haben" (S. 89), wie Stiebeling behauptet, so würde kein Kind unter zehn Jahren leidlich sprechen lernen. Das Einsehen der Bedeutung der gesprochenen Worte (z. B. des „Ich") kommt erst sehr lange nach der Reproduction derselben. Das Sprechenlernen der Thiere (z. B. der Papageien und Staare, denen man ganze Sätze, ja Verse und Zahlen eintrichtern kann, deren Inhalt und Bedeutung sie doch gewiß weder einsehen noch verstehen) beweist noch deutlicher das Unstatthafte der Annahme, daß das Sprechenlernen durch bewußten Willen erzeugt werde. Auch hier muß Hartmann's Ansicht, daß ein unbewußter, den Zweck des Sprechenlernens und die Vorstellung der hierzu nothwendigen Bewegungen in sich tragender, reflectorischer Zwang zum Sprechen nöthige, aufrecht erhalten bleiben.

Die reflectorische Nöthigung zum Aussprechen der Worte ist es auch, welche das laute Denken verursacht. „Der noch nicht sinnliche Gedanke des Wortes ruft hier einen centrifugalen Innervationsstrom nach dem Hörnerven hervor, als dessen reflectorische Folge ein centripetaler Strom die Gehörsempfindung des Wortes zurückbringt, und diese ruft in den Sprachwerkzeugen die Reflexbewegungen des lauten oder leisen Aussprechens hervor." (Phil. d. Unbew. 3. Aufl., S. 115.) Das Vorhandensein dieses Innervationsstromes glaubt Stiebeling nun widerlegen zu können durch die Behauptung, daß „bekanntlich in allen Sinnesnerven doch nur eine Leitung von außen nach innen und nicht umgekehrt möglich ist." (S. 90.) Dieß „bekanntlich" ist indessen ein mit den „specifischen Energien" der Nervenfasern gründlich überwundener Standpunkt. Nur von den Endorganen hängt es ab, was die indifferente Leitungsfaser leistet; ob sie Empfindungen zuführt, oder Muskeln zur Contraction anregt, oder secernirenden Häute anregt u. s. w. Nach Wundt ist die Empfindung der Muskelbewegung Function der motorischen Nerven (Wundt, Beiträge zur Theorie der Sinneswahrnehmung, S. 406—414). — Um das laute Denken anders als Hartmann zu erklären, sieht sich Stiebeling veranlaßt anzunehmen, daß der Denkende sich selbst „mit dem leisen oder lauten Aussprechen der gedachten Begriffe zu Hülfe kommt und erst auf diese Weise ein klares Bewußtsein seiner Vorstellungen gewinnt" (S. 90). Damit ist jedoch noch immer nicht bewiesen, daß dieses Zuhülfekommen ein Act bewußter Absicht ist; die Frage, wodurch das Aussprechen der Vorstellungen (ohne zwingenden äußeren Grund) bewirkt wird und das Wie der Ausführung bleibt völlig unberücksichtigt und ist nur auf Hartmann's Weise zu erklären, welche ja auch das Zuhülfekommen durch das Aussprechen anerkennt. Stiebeling bringt also nichts Besseres und nichts Anderes, sondern dasselbe unvollständig und undeutlich. — Ebenso ist jene Thätigkeit des Gehirns, welche wir Aufmerksamkeit nennen, nur durch jenen unbewußten Innervationsstrom verständlich und überhaupt möglich, wie das partielle Fehlen dieses Stromes auch den sonst unerklärlichen Unterschied zwischen den fehlenden und schwarzen Stellen des Sehfeldes begreiflich macht. Hierzu bemerkt Stiebeling, daß auch die Aufmerksamkeit keine Reflexerscheinung sei, da sie „bewußt und willkürlich ist" (S. 93), gar nicht bemerkend, daß er hier nun gerade wieder das voraussetzt, was er eigentlich bekämpfen will, das Unbewußte der Reflexerscheinungen. Hätte er Hartmann's Werk mit größerer Achtsamkeit und etwas mehr Verständniß gelesen, so würde er gefunden haben, daß derselbe die Aufmerksamkeit zu den gemischten Reflexwirkungen zählt, d. h. zu denen, die sowohl willkürlich wie unwillkürlich erzeugt werden. (Vgl. Phil. d. Unbew. 3. Aufl., S. 116, 155—156, 246—247.) „Die Aufmerksamkeit haben wir schon mehrfach als einen sowohl reflectorisch, als willkürlich zu erzeugenden Nervenstrom kennen gelernt, welcher in sensiblen Nervenfasern vom Centrum nach der Peripherie verläuft und dazu dient, die Leitungsfähigkeit der Nerven, namentlich für schwache Reize und schwache Reizunterschiede zu erhöhen. Die Aufmerksamkeit besteht mithin in materiellen Nervenschwingungen; indem diese vom Centrum nach der Peripherie hin verlaufen, kann es unmöglich ausbleiben, daß dieselben, auch ohne auf eine Wahrnehmung getroffen zu sein, von der Peripherie nach dem Centrum reflectirt werden; außerdem werden durch die Aufmerksamkeit für jedes Sinnesgebiet eine Menge Muskeln in Spannung versetzt, um zur besseren Aufnahme der Wahrnehmung durch das Organ zu befähigen, und endlich werden gewisse andere Muskeln, namentlich Kopfhautmuskeln reflectorisch gespannt. Diese drei Momente stimmen darin überein, dem Organe des Bewußtseins Empfindungen durch materielle Schwingungen zuzuführen, d. h. die Aufmerksamkeit als solche ist ein Gegenstand der Wahrnehmung und folglich des Bewußtseins." (Phil. d. Unbew. 3. Aufl., S. 419.) Stiebelings Ankämpfen gegen Hartmann ist also auch hier wieder ein ganz vergebliches und unnöthiges, da letzterer ganz dasselbe behauptet wie der erstere, nur richtiger gefaßt und präciser ausgedrückt. Was der Verfasser sonst noch an Einwendungen gegen Hartmann's Annahme vorbringt, namentlich gegen das Vorhandensein des centrifugalen Innervationsstromes, glaube ich am Besten zu widerlegen durch einen Ausspruch des Professors Helmholtz, den man wohl als Autorität auf diesem Gebiete gelten lassen kann. Derselbe sagt gelegentlich der Untersuchung der Dauer von Gesichtseindrücken: „Ich selbst erlaube mir noch aus eigenen früheren Beobachtungen, die ich bei Beleuchtung mit dem elektrischen Funken angestellt habe, Einiges hinzuzufügen. Wenn man gedruckte Zeilen vor sich hat und die Aufmerksamkeit nicht absichtlich auf einen bestimmten Theil des Sehfeldes richtet, erkennt man bei jedem Funken bald hier bald dort einzelne Gruppen von Buchstaben. Dabei ist es sehr sonderbar, daß zuweilen mitten aus einem Worte, welches man liest, ein Buchstabe fehlt, oder daß man auch wohl von einzelnen Buchstaben nur einen Strich sieht, den andern nicht.

„Ich hatte bei meinen Versuchen immer einen dauernd hellen Punkt im dunklen Felde vor mir, den ich als Fixationspunkt benutzte. Dabei fand ich es möglich, ohne diesen Fixationspunkt zu verlassen, die Aufmerksamkeit schon vor der Beleuchtung durch den Funken auf diesen oder jenen Theil des dunklen Feldes zu richten, und dann sah ich, was dort erschien. Es scheint mir dies eine Thatsache von großer Wichtigkeit zu sein, weil sie zeigt, daß das, was wir das **willkürliche Richten der Aufmerksamkeit** nennen, eine von den Bewegungen der äußeren beweglichen Theile des Körpers unabhängige **Veränderung in unserem Nervensystem ist, wo durch Reizungszustände gewisser Fasern vorzugsweise zum Bewußtsein kommen.**" (Monatsberichte der Berliner Akademie. 1871. Juni.) Hieraus geht hervor, daß der Innervationsstrom Hartmann's nicht eine von ihm allein behauptete Hypothese, sondern ein Ergebniß wissenschaftlicher Untersuchungen ist, dem sich die bedeutendsten Forscher nicht mehr entziehen können. Stiebeling's Einwände dagegen beweisen nur seinen eigenen Unverstand und sein geringes Wissen, dem nicht nur die neuesten Ergebnisse der naturwissenschaftlichen Forschung fremd sind, sondern sogar die bekanntesten, einfachsten physiologischen Thatsachen, die man heutzutage in Deutschland bereits in höheren Töchterschulen lehrt und die in jeder populär gehaltenen Physiologie zu finden sind. Am ersichtlichsten ist dies aus seiner Behauptung bezüglich der blinden Flecke der Retina, der pathologischen Lücken des Gesichtsfeldes, die nach Hartmann's Theorie unbewußt ergänzt werden. Hierüber bemerkt er: „Der von Hartmann erwähnte Unterschied zwischen fehlenden und schwarzen Stellen des Sehfeldes existirt gar nicht, und es ist mir demnach unbegreiflich, was er damit sagen will." (S. 93.) Das sagt ein Arzt, ein Naturforscher, ein Mann, der sich ein wissenschaftliches Urtheil über anatomische und physiologische Fragen anmaßt und der sich daher doch wenigstens das A B C dieser Wissenszweige zu eigen gemacht haben sollte! Zu diesem gehören in physiologischer Hinsicht die blinden Flecke der Retina, die wir beständig in unserem Gesichtskreise mit herumtragen, ohne uns ihrer bewußt zu werden, da der Innervationsstrom sie unbewußt ergänzt. Hierüber giebt jede nur einigermaßen gut gearbeitete Physiologie Aufschluß (z. B. Dr. Bock's populäre Volksgesundheitslehre), und jeder Arzt, wenn er nicht zu den allererbärmlichsten Stümpern gehört, muß von dem Vorhandensein jener Flecke wissen, da er sonst gar nicht im Stande ist, Augenkranke, die z. B. bei mäßiger Amblyopie von der Verengerung ihres Gesichtsfeldes nichts ahnen, in angemessener Weise zu prüfen und zu diagnosticiren.*)

Der Verfasser wendet sich hierauf gegen die Reflexbewegungen zur Erhaltung des Gleichgewichts. Sie sind seiner Ansicht nach sämmtlich vom Bewußtsein intendirt und „ganz leicht" zu erklären, ebenso die complicirten Bewegungen der Nachtwandler. Nicht immer jedoch nimmt er das bewußte Denken als die Ursache der Erhaltung des Gleichgewichts an, sondern zuweilen auch die körperliche Organisation. So erklärt er, daß Maulthiere auf gefährlichen Wegen sicherer gehen als Menschen durch den Umstand, daß die ersteren vier Beine haben und der Mensch nur zwei (S. 94), welche geistreiche Erklärung sich leider auf die Nachtwandler, sowie auf Tänzer, Reiter, Schlittschuhläufer ꝛc. ꝛc. nicht anwenden läßt, daher er für die Balanceleistungen dieser eine andere Erläuterung bringt. Dieselbe besteht kurz und bündig in der Versicherung, daß es „das Muskelgefühl und der Tastsinn ist, welche das Gleichgewicht beim Turnen, Tanzen, Springen u. s. w. herstellen und leiten" (S. 95). Als ob es nicht selbverständlich wäre, daß der Reiz, auf den die unbewußte reflectorische Reaction erfolgt, hier in dem Bewußtwerden des Muskelgefühls (theils im Gehirn, theils wohl auch schon in niederen Nervencentris) besteht; daß aber diese reflectorischen Leistungen des Muskelgefühls und des Tastsinns zum größten Theil unbewußt sind, sowohl in ihrer Ausführung, als in ihrem oft blitzartig

---

*) Gott sei den Patienten gnädig, die mit Augenleiden bei Herrn Dr. Stiebeling Hülfe suchen.

schnellen Eintreten, noch ehe die bewußte Ueberlegung eintreten kann (z. B. beim Balanciren der Seiltänzer, wo Fehltreten und Balancebewegung Eins ist) — das sieht Stiebeling nicht ein, und daher auch nicht das Beschränkte seiner Erklärung.

Sein nächstes Angriffs-Objekt ist die Annahme Hartmann's, daß fast alle willkürlichen Bewegungen zugleich eine Combination von Reflexwirkungen sind. „Anatomische Untersuchungen ergeben, daß im oberen Theile des Rückenmarkes die Anzahl sämmtlicher Primitivfasern nur einen sehr kleinen Bruchtheil der Primitivfasern aller der Nerven beträgt, welche durch den bewußten Willen, also vom Gehirn aus, Bewegungen hervorzurufen bestimmt sind. Da nun aber die Leitung vom Gehirn zu den Muskelnerven mit geringen Ausnahmen doch nur durch das obere Rückenmark geschehen kann, so geht daraus hervor, daß eine Faser im oberen Rückenmark eine große Menge zusammengehöriger Muskelnervenfasern zu innerviren bestimmt sein muß. Es ließe sich eine directe Anastomose (Ineinandergreifen, Verknüpfung) dieser Fasern denken, doch erscheint diese Annahme sowohl nach den anatomischen Beobachtungen höchst unwahrscheinlich, als auch zwingt der Umstand sie fallen zu lassen, daß ein und dieselben Bewegungen bald vom Hirn aus angeregt, bald in Folge irgend einer anderen Anregung von den Rückenmarkscentralorganen selbstständig vollzogen werden, und in der Art ihrer Complication eine Unzahl der feinsten Modificationen zulassen, während eine directe Anastomose immer unverändert dieselben Bewegungen zur Folge haben müßte. Hierzu kommt noch, daß das Gehirn, welches den Befehl zur Execution einer complicirten Folge von Bewegungen ertheilt, von dieser Complication selbst gar keine Vorstellung hat, sondern nur eine Gesammtvorstellung des Resultats (wie beim Sprechen, Singen, Gehen, Tanzen, Laufen, Springen, Turnen, Fechten, Reiten, Schlittschuhlaufen), daß also alles Detail der Ausführung, wie es zu dem beabsichtigten Gesammtresultat erforderlich ist, dem Rückenmark überlassen bleibt. (Man frage sich nur, ob man etwas von den Muskelcombinationen weiß, die man zum Aussprechen eines Wortes, oder zum Singen einer Coloratur braucht.) Demnach scheint mir die allein übrig bleibende Auffassungsweise die, daß der Innervationsstrom, welcher den bewußten Willen des Gesammtresultates der Bewegung vom Gehirn zum Centralorgan dieser Bewegung im Rückenmark leitet, und welcher zwar für das Gehirn ein centrifugaler, für das Nervencentrum der Bewegung aber ein centripetaler ist, daß dieser Strom als Sensation von dem Bewegungscentrum empfunden werde, gerade so gut, wie eine von peripherischen Körpertheilen kommende Empfindung, und daß die Folge dieser Sensation das Eintreten der intendirten Bewegung sei. Es ist aber klar, daß wir hiermit den Begriff der Reflexbewegung erfüllt sehen, sobald man sich nur entschließt, die relativen Begriffe centrifugaler und centripetaler Ströme in ihren richtigen Relationen zu gebrauchen." (Phil. d. Unbew. 3. Aufl. S. 118—119.)

Stiebeling's Widerlegung dieser Annahme bezieht sich hauptsächlich auf seine bereits im III. Capitel ausgesprochene Behauptung, daß die „Bewegungscentren sich nicht im Rückenmark, sondern im kleinen Gehirn, in den Großhirnganglien und im verlängerten Marke befinden" (S. 99), durch welche Behauptung er einen materiellen Leitungsmechanismus zwischen dem Großhirn und Rückenmark nachgewiesen und damit das Problem gelöst zu haben glaubt. Abgesehen davon, daß das verlängerte Mark doch zweifellos zum Rückenmark gehört, wenngleich der Verfasser es zum Kleinhirn zu rechnen scheint, so ist es auch noch keineswegs constatirt, daß jene von ihm behauptete Verbindung zwischen Groß- und Kleinhirn und den Rückenmarkscentren der Bewegung besteht, d. h. daß die sensiblen und motorischen Primitivfasern des Rückenmarks, welche die willkürlichen Bewegungen leiten, ihren Ursprung in den Großhirnganglien und dem kleinen Gehirn nehmen. Ich habe Cap. III, S. 32 gezeigt, wie man sich diese Verbindung des Rückenmarks mit dem großen Gehirn zu denken hat, und daß diejenigen Fasern, welche Zellen des Großhirns mit Zellen des Kleinhirns verbinden, nicht mehr motorische im gewöhnlichen Sinne zu nennen sind. Wären nicht die unteren Theile des Rückenmarks wirkliche Bewegungscentralorgane, so wären die gemeinsamen Reflexbewegungen der hinteren Froschschenkel bei Durchschneidung des Rückenmarks dicht oberhalb der Einmündung der Schenkelnerven schlechterdings unmöglich.

Stiebeling's Versuch einer hinreichenden Erklärung durch bloßen einfachen Leitungsmechanismus muß also hier wie dort als ein mißglückter betrachtet werden. Was er außerdem noch gegen die Bewegungscentren des Rückenmarks sagt, denen das Detail complicirter Bewegungen überlassen bleibt, während das Gehirn nur die Gesammtvorstellung des beabsichtigten Resultates hat, namentlich seine Behauptung, daß die Voraussetzung dieser Bewegungscentren „auf einer total falschen Auffassung der Anatomie und der Physiologie des Nervensystems beruhe" (S. 99), so muß ich ihm darauf entgegnen, daß die falsche Auffassung nur auf seiner und nicht auf Hartmann's Seite liegt. Die neuere Physiologie verläßt mehr und mehr die ältere Anschauungsweise der Centralisation zu einer der Decentralisation übergehend, welche jedenfalls die physiologische Zukunftsansicht ist, in welchem Sinne auch der Königsberger Physiologe Goltz mit Recht aus seinen sorgfältigen Versuchen schließt, daß man die Annahme einer nicht am Großhirn haftenden, sondern für die verschiedenen Functionen an verschiedene Centralorgane (z. B. für die Behauptung des Gleichgewichts an die Vierhügel) gebundenen Intelligenz nicht länger umgehen könne. — Weßhalb Stiebeling sich übrigens so leidenschaftlich gegen den unbewußten reflectorischen Charakter der willkürlichen Bewegungen sträubt, ist gar nicht einzusehen, da er denselben auf S. 81 vollkommen anerkennt, woselbst er von den Reflexbewegungen sagt, daß sie "streng genommen die gesammte Thätigkeit des peripherischen und centralen Nervensystems umfassen, soweit sie mit Bewegung verbunden sind." Hierunter sind nun doch auch sicher die willkürlichen Bewegungen zu rechnen, und wenn der Verfasser dies auf S. 99 wieder zurückzunehmen sucht, indem er Hartmann's Annahme der reflectorischen Erregung der Bewegungsnerven des Rückenmarks als eine "Fiction" zurückweist, so weiß man factisch nicht mehr, was er will oder nicht will. Daß er dies selbst nicht weiß, ist jedenfalls das einzige, was mit Bestimmtheit aus dieser grenzenlosen Confusion hervorgeht, der er die Krone aufsetzt durch das schließliche Geständniß: "daß wir allerdings kein Bewußtsein davon haben, wie der in der Hirnrinde erzeugte Wille durch die Fasern des Stäbchenkranzes auf die von den Großhirnganglien und von dem verlängerten Mark entspringenden Muskelnerven einwirkt; aber das ist ganz selbstverständlich, denn wir können diesen Vorgang nicht mit unsern Sinnesorganen wahrnehmen. Wir wissen oder haben nur das im Bewußtsein, was wir einmal gehört, gefühlt, gesehen u. s. w. haben." (S. 99.)

Der Verfasser wendet sich hierauf zum letztenmale gegen das Unbewußte und zwar ganz speciell gegen Hartmann's Schlußfolgerung, welche darthut, daß das Wirkende in den Reflexbewegungen, das Unbewußte, etwas Immaterielles, über den materiellen Leibesgesetzen Stehendes ist. "Schneidet man einem geköpften Frosche das Rückenmark unterhalb des verlängerten Markes durch, so liegt er empfindungslos und gelähmt da und kann keine willkürlichen Bewegungen mehr machen, weil die Verbindung der sensiblen und motorischen Fasern im Rückenmarke mit den Ganglienzellen im verlängerten Mark **unterbrochen** ist. Reizt man ihn nun mit einem Nadelstich oder durch einen anderen schmerzhaften Eingriff, so können Zuckungen in allen vier Extremitäten entstehen. Trennt man das Rückenmark etwa in der Mitte durch und applicirt einen Reiz an dem Unterschenkel, so zucken nur beide Hinterbeine. Durchschneidet man das Rückenmark der Länge nach von oben bis unten, so erfolgt die Bewegung bloß auf derselben Seite wo der Eingriff stattfindet. Läßt man dagegen zwischen den beiden getrennten Seitenhälften eine verbindende Brücke übrig, oder trennt man das Rückenmark rechts im Halstheil, und links im Lendentheil nur bis zur Hälfte quer durch, so können auf Reizung irgend einer Hautstelle alle vier Extremitäten zucken. — Was beweisen diese Experimente? Sie zeigen, daß ein Reiz, welchen man unterhalb der durchschnittenen Stelle des Rückenmarks anbringt, von der getroffenen sensiblen Faser bis zum Trennungspunkte fortgeleitet wird, dann aber, da er nicht weiter nach oben dringen kann, auf die daselbst befindlichen Ganglienzellen überspringt und sich der ganzen Masse derselben, so weit sie auf- und abwärts in ununterbrochenem Zusammenhange steht, mittheilt, daß er ferner von diesen aus auf alle motorischen Fasern, die in ihrem Bereiche liegen, sich fortpflanzt und so schließlich in dem ganzen davon betroffenen Bezirke Muskelzuckungen hervorruft." (S. 109.)

Ich habe die ganze Sachlage, sowie die Erklärung derselben in Stiebelings eigenen Worten gegeben, weil er auch hier wieder, ohne es zu wissen, Hartmanns Behauptung, statt sie zu widerlegen, gerade dargethan und ihre Nichtigkeit erwiesen hat. Da seiner eigenen Aussage nach die normale „Verbindung der sensiblen und motorischen Fasern im Rückenmarke mit den Ganglienzellen im verlängerten Mark u. s. w. unterbrochen ist", (S. 108), „die Leitungsverhältnisse gänzlich zerstört" (S. 110) sind, so liegt es doch auf der Hand, daß der Reiz, welcher dessenungeachtet zweckmäßige reflectorische Bewegungen hervorgerufen hat, dies nur auf neuen Bahnen gethan haben kann. Das

Nähere über dieselben sucht S t i e b e l i n g selbst nachzuweisen durch die Behauptung, daß die Empfindung des Reizes, welche sonst nur durch sensible Fasern weiter geleitet wird, in diesem Fall auf Ganglienzellen und von da auf die motorischen Fasern überspringt, durch welche dann die Bewegungen zu Stande kommen, welche sonst auf viel kürzerem Wege erzielt werden. Es bleibt also immer bestehen, daß der Reiz sich bei Zerstörung der normalen Bahnen n e u e Bahnen s c h a f f t, und doch wieder z w e c k m ä ß i g wirkt. Da nun diese unleugbare Zweckmäßigkeit hier weder aus einer materiellen Prädisposition d e r a u ß e r C o u r s g e s e t z t e n n o r m a l e n Bahnen erklärt werden, noch auch in materiellen Prädispositionen in der durch den Reiz für d i e s e n g a n z a b n o r m e n p a t h o l o g i s c h e n F a l l n e u g e s c h a f f e n e n Leitungsbahnen gesucht werden kann, so muß sie eben das Ergebniß einer immateriellen über den körperlichen Gesetzen stehenden Macht, des Unbewußten, sein. S t i e b e l i n g's Versuche, die Sache durch den Nachweis der neuentstehenden materiellen Leitungsfähigkeit nach Zerstörung der normalen zu erklären, beweist eben nur, daß er auch hier wieder nicht das Geringste vom Problem begriffen hat. Hätte er das, so würde er eingesehen haben, daß Hartmann's Annahme durch den von ihm gelieferten Erklärungsversuch gerade an Beweiskraft gewinnt, statt zu verlieren. Ehe der Verfasser sich jedoch seine eigene Vornirtheit als Ursache seines Nichtverstehens der in Rede stehenden Thatsachen eingesteht, sucht er lieber seinen Gegner nicht nur als Ignoranten hinzustellen, sondern ihn sogar des frivolen Betruges seiner Leser zu beschuldigen, wie auf S. 102, wo er von Hartmann sagt, „daß derselbe n u r d a r a u f a u s g e h t, seine Leser a b s i c h t l i c h i r r e z u f ü h r e n u n d z u t ä u s c h e n." Weit eher könnte man dies von dem Verfasser behaupten; müßte man denselben nicht aus anderen Gründen jeder „Absicht" für unfähig halten.

VII.
Das Unbewußte in der Naturheilkraft.

Eines der reichhaltigsten und interessantesten Capitel in der Phil. d. Unbew. ist dasjenige, welches das „Unbewußte in der Naturheilkraft" behandelt. Es ist dies ein bereits vielfach erörterter Gegenstand, dem selbst die bedeutendsten Forscher ihre Aufmerksamkeit zugewendet haben, ohne jedoch bis jetzt zu irgend einem befriedigenden Resultat gelangt zu sein in Bezug auf die Erklärung der wunderbaren Leistungen der Naturkraft z. B. bei der Neubildung verlorner Glieder (wie sie nicht nur bei wirbellosen, sondern selbst noch bei niederen Amphibien vorkommt) ja von ganzen Thieren aus einzelnen Fragmenten zerstückelter Individuen (Planarien), sowie bei der bis in die Physiologie des Menschen hineinreichenden Entstehung neuer Organe an Stelle gewaltsam entfernter, endlich beim Wiederersatz von Theilen solcher Thiere, die einen Verwandlungsproceß zu erleiden haben, wo dann die erneuten Theile so beschaffen sind, als ob sie den der Gattungsidee gemäßen Proceß bereits durchgemacht haben, sowie bei unzähligen anderen Vorgängen der thierischen Körper. So hat Darwin, um den Ersatz verloren gegangener Theile nach der typischen Idee begreiflich zu machen, seine Theorie der „Pangenesis" erfunden, welche in ihrer Werthlosigkeit unter Andern von H. J. Klein in seiner „Entwickelungsgeschichte des Kosmos" nachgewiesen ist. Dieselbe besteht in der Annahme, daß die einzelnen Zellen, aus welchen die animalischen und vegetativen Naturkörper bestehen, „unmittelbar vor ihrer Veränderung in die fertige Substanz bestimmte Partikelchen oder Atome abgeben, welche in dem ganzen organischen Körper frei circuliren und, wenn sie genügende Nahrung aufnehmen, sich durch Theilung vermehren und schließlich zu selbständigen Zellen zu entwickeln vermögen. Diese unsichtbar kleinen Körperchen werden Keimchen genannt. Darwin setzt voraus, daß sie von dem elterlichen Organismus den Nachkommen überliefert werden und sich meistentheils in der unmittelbar folgenden Generation entwickeln; doch nimmt der britische Forscher auch an, daß sie geraume Zeit hindurch gewissermaßen schlummern oder latent bleiben können und erst nach einer Reihe von Generationen zur Entwickelung gelangen. Ferner wird angenommen, daß die Entwickelung von der Vereinigung mit anderen, bereits in einer gewissen Entwickelungsphase stehenden Keimchen bedingt sei. Schließlich sollen diese Keimchen nicht bloß von den fertigen Zellen, sondern von jeder Entwickelungsphase derselben abgegeben werden; auch ist Darwin der Ansicht, daß die Keimchen in ihrem schlummernden Zustande eine gegenseitige Verwandtschaft zu einander haben, die bei der Aggregation entweder zu Knospen oder zu Sexualelementen führt. Zuletzt sind es demnach nicht die reproductiven Elemente, auch nicht die Knospen, welche neue Organismen erzeugen, sondern die Zellen selbst durch den ganzen Körper . . . . . Darwin denkt sich das Wachsthum des Menschen etwa der Art, daß der Organismus des Kindes Keimchen einschließt, die nach und nach entwickelt werden und den Mann bilden. Im Kinde soll jeder Theil, ebenso wie im Erwachsenen denselben Theil für die nächste Generation erzeugen" (Klein, Entwickelungsgeschichte des Kosmos, S. 147. 149), sowie beim Verlust einzelner Körpertheile die Neubildung und Heilung von Wunden herbeiführen. Die Unhaltbarkeit dieser Annahme, welche die Ursache jener Erscheinungen nur um einen Schritt rückwärts auf ein Gebiet verlegt, wo die exakte Wissenschaft aufhört, liegt klar zu Tage; sie beweist jedoch, welche Bedeutung der britische Forscher diesen Fragen beilegt, daß er zu einer so wunderlichen Hypothese greift, um sie à tout prix zu beantworten. Bei einem solchen Mangel jedes positiven Wissens beansprucht daher jeder erneute Versuch einer Erklärung aller hierhergehörenden Erscheinungen die größte Beachtung und eingehendste Prüfung, um so mehr, wenn derselbe sich vor allen andern durch Einfachheit, Klarheit, Folgerichtigkeit und Uebereinstimmung mit wissenschaftlichen Ergebnissen so auszeichnet, wie der von Hartmann gegebene. Die ungewöhnliche Begabung dieses Denkers für Untersuchung der schwierigsten Probleme verleugnet sich auch hier nicht und vereinigt sich mit seinem umfangreichen Wissen, eine durch unzählige Belege und Beispiele (circa 60—80) begründete Erklärung zu geben, die wenn auch nicht völliges Licht wirft über all jene wunderbaren Erscheinungen, so doch höchst beachtenswerth ist durch die Fingerzeige, die sie enthält und die zweifellos den Weg andeuten, auf welchem wir zu einer endgültigen Lösung jener Fragen gelangen werden.

Aus all diesen Gründen verdient daher Hartmann's Theorie vom Unbewußten in der Naturheilkraft die Beachtung eines jeden sich für den Gegenstand Interessirenden, vor allem aber war es Herrn Dr. Stiebeling's Pflicht, welcher sich die Widerlegung der gesammten Theorie des Unbewußten, soweit sie sich auf die Leiblichkeit erstreckt zur Aufgabe gemacht hat, auch dieses so bedeutende Capitel in den Kreis seiner Untersuchungen zu ziehen. Statt dessen zieht derselbe es jedoch vor, alle Erörterungen seines Gegners über diesen Punkt, alle seine Folgerungen, Aufschlüsse und angeführten Thatsachen völlig zu **übergehen** ohne auch nur den **Versuch** eines Beweises gegen dieselben vorzubringen, oder auch nur die Resultate Hartmann's anzuführen. Bei der Bedeutung und dem Interesse des Gegenstandes ist dies eine grobe Vernachlässigung seinerseits, die wiederum einen schlagenden Beweis liefert von der grenzenlosen Leichtfertigkeit und Oberflächlichkeit seiner Untersuchungsweise, zugleich aber auch zeigt, wie wenig er seinem Gegner gewachsen ist. Aus welchem Grunde er jeder Erörterung ausweicht und die Sache malhonneter Weise todtzuschweigen sucht, ist nicht schwer zu erkennen, da derselbe klar zu Tage liegt. Stiebeling's ganze Widerlegung Hartmann's beschränkt sich nämlich in allen Capiteln auf die Behauptung, daß Alles, was Hartmann als Resultate unbewußten Willens und unbewußter Vorstellungen zu beweisen sucht, nicht durch dieses Unbewußte, sondern durch bewußtes Wollen und Vorstellen herbeigeführt werde. So führte der Verfasser in den beiden ersten Capiteln (siehe dieselben) den unbewußten Willen und die unbewußte Vorstellung Hartmann's, selbst bei geköpften Fröschen, auf bewußtes Wollen zurück; so sucht er den Instinkt zu leugnen und dafür zweckmäßig bewußtes Handeln der Thiere nachzuweisen und schließlich auch die von ihm selbst als unbewußt und unwillkürlich bezeichneten Reflexbewegungen als vom Bewußtsein intendirte und herbeigeführte Handlungen darzuthun. In diesem Manoeuvre besteht seine ganze Taktik, die sich bei den soeben angeführten Erscheinungen für oberflächliche Beobachter wenigstens noch mit einem gewissen, wenngleich sehr leicht durchschaubaren Schein des Rechtes anwenden läßt, die jedoch ihre Grenze findet gegenüber den unbewußten Wirkungen der Naturheilkraft, die weder durch bewußtes Wollen noch Vorstellen, noch durch irgend welche in die Macht des Bewußtseins gegebene Mittel herbeizuführen sind. „Daß die organischen Heilwirkungen nicht Resultate des bewußten Vorstellens und Wollens sind, wird wohl Niemand bezweifeln, der sich erinnert, welchen Antheil sein Bewußtsein beim Heilen einer Wunde oder eines Bruches genommen habe; ja sogar, es gehen ja gerade dann die mächtigsten Heilwirkungen vor sich, wenn das Bewußtsein möglichst zurückgedrängt ist, wie im tiefen Schlafe." (Phil. d. Unbew. 3. Aufl. S. 149.) Also die Unmöglichkeit einsehend auch hier Hartmann's Annahme zurückzuweisen durch die Behauptung einer vom Bewußtsein erzeugten und herbeigerufenen Thätigkeit, blieb dem Verfasser nichts Anderes übrig, als das von der Naturheilkraft handelnde Capitel zu umgehen und eine Besprechung desselben als „nicht der Mühe lohnend" (S. 111) zu unterlassen — ein Verfahren, durch welches er wenn auch vielleicht das größere Publikum, so doch niemals die wissenschaftliche Kritik zu täuschen vermag, welche, im Dienst der Wahrheit stehend, dergleichen Ungehörigkeiten aufzudecken, und in ihrer ganzen Erbärmlichkeit zur weiteren Kenntniß zu bringen hat.

VIII.

Der indirecte Einfluß bewußter Seelenthätigkeit auf organische Functionen.

In dem ganzen nun folgenden Capitel, welches den „indirecten Einfluß bewußter Seelenthätigkeit auf organische Functionen" behandelt, befindet sich der Verfasser in dem Irrthum, als ob Hartmann in demselben directe Beweise für das Unbewußte geben wollte (z. B. S. 133). Daß dem nicht so ist, geht schon aus der Abweichung der Ueberschrift von dem Schema der übrigen Capitel dieses und des folgenden Abschnitts hervor. Hätte Stiebeling dieß gemerkt, so würde er nicht so viel Raum und Zeit darauf verwandt haben. Vielleicht ist es aber auch nur Schlauheit von ihm, den Leser glauben zu machen, die hier bekrittelten allgemeinen Erläuterungen und Vorbereitungen sollten als die wahren Argumente für das Unbewußte gelten. Thatsächlich erreicht er indeß hier für seinen Zweck der Widerlegung des Unbewußten schon deßhalb gar nichts, weil keine Belege für dasselbe behandelt werden. Da Stiebeling die Sache jedoch so darzustellen beliebt, als hätten wir es hier mit hauptsächlichen Beweisen für das Princip des Unbewußten zu thun, so liegt auch mir die Pflicht ob, seinen Untersuchungen zu folgen und auf seine Auseinandersetzungen einzugehen.

Ich wende mich daher zunächst gegen seine Eingangsbehauptung, daß Hartmann, indem er die Entstehung der Muskelcontraction bespricht, sich eines Widerspruches schuldig gemacht habe durch die Annahme, daß der erste vom Willen intendirte Bewegungsimpuls sich auf die „centralen Endigungen der motorischen Fasern im großen Gehirn beziehen müsse", während er im dritten Capitel behauptet, „daß die centralen Endigungen der motorischen Nerven nicht im großen Gehirn" (S. 114), sondern im verlängerten Mark und kleinen Gehirn lägen. Es handelt sich hier auch wieder um jene angebliche mechanische Leitung zwischen dem Großhirn und den motorischen Nerven des Rückenmarks, welche letzteren, wie bereits mehrfach erwähnt, in Zellen endigen, aus denen neue Fasern in das Großhirn treten, die zwar nicht mehr im Sinne des herkömmlichen physiologischen Sprachgebrauchs motorische heißen können, da ihnen die directe Verbindung mit den Muskeln fehlt, wohl aber im eminenten Sinne motorische Fasern heißen müssen, wenn man die Bedeutung ihrer Function in's Auge faßt, welche den primären Impuls zu jeder willkürlichen Motion empfängt und erst indirect an die muskelerregenden Fasern weiter überträgt. Während es sich also im III. Capitel um die directen Endigungen der aus den Muskeln kommenden Fasern handelt, so bezieht sich Hartmann's Aeußerung im VII. Capitel auf die Endigungen ihrer indirecten Fortsetzungen bis zum Organ des Intellects. Nur ein absichtliches, oder aus großer Dummheit resultirendes Mißverstehen kann den Verfasser veranlaßt haben, seinem Gegner hierbei einen Selbstwiderspruch unterzuschieben, der gar nicht existirt. —

Es fragt sich nun zunächst, wie der Wille im Stande ist, einen Innervationsstrom zu erzeugen, welcher die Muskelcontraction bewirkt. Hartmann weist darauf hin, daß die Nervenströme am nächsten mit dem electrischen Strome verwandt sind. Wir wissen aus du Bois-Reymonds mustergültigen Untersuchungen, daß, sobald der motorische Strom die Nerven durchläuft, alle Molecüle derselben eine gleich gerichtete Polarität haben,

„während im völlig indifferenten Zustand, wie er freilich im Leben nicht vorkommt, die Polaritäten der Molecüle durcheinander liegen, wie im unmagnetischen Eisen, und dadurch sich gegenseitig neutralisiren." (Phil. d. Unbew. 3. Aufl. S. 152.) Diese Drehung der Nervenmolecüle ist also das Minimum der mechanischen Leistung, welche dem Willen überlassen bleibt, während die den Nervenmolecülen innewohnende Polarität die aufgespeicherte Kraft ist, welche die Leistungen der Muskeln bewirkt, sich durch längere Wirksamkeit erschöpft und durch den chemischen Stoffersatz (Nahrungszufuhr und Regeneration im Schlaf) wieder erneuert wird. So ist jeder Organismus einer Kraftmaschine zu vergleichen.

Diesen hinlänglich bekannten und anerkannten Annahmen tritt Stiebeling entgegen durch die Behauptung, daß jene gleichgerichtete Polarität der Nervenmolecüle, welche die Thätigkeit der Nerven hervorruft, nicht erst durch den Willen bewirkt werde, sondern bereits „in allen gesunden lebenden Nerven vorhanden sein muß, sonst sind sie nicht leitungsfähig" (S. 117), welche Behauptung er durch nichts zu belegen oder zu beweisen versucht. Wäre dieselbe richtig, die gleiche Richtung der Nervenmolecüle schon im unerregten Zustand vorhanden, so wüßte man nicht, wodurch der erregte sich unterschiede, und was für eine Veränderung im Augenblick der Durchleitung eines Reizes vor sich ginge, während sich dieselbe nach du Bois-Reymond eben als Uebertragung einer Richtungsänderung der polaren Lage von einem Nervenmolecüle auf das andere erklärt. Er könnte eben so gut sagen: Im weichen Eisen muß die gleiche Richtung der Molecüle schon vorhanden sein, sonst könnte es nicht durch den galvanischen Strom magnetisch inducirt werden, welcher Vergleich die Unhaltbarkeit seiner Behauptung am besten darthut. Es ist eben wieder nur die aus der Unwissenheit entspringende Arroganz, welche anerkannten wissenschaftlichen Annahmen gegenüber eine so bornirte und unfähige kritische Besserwisserei mit solchem unschuldigen Behagen zur Schau trägt.

Um die Erregung der Nerventhätigkeit auf andere Weise zu erklären, vergleicht er das Nervensystem mit einer electrischen Batterie, die sich von einer durch Menschenhand gefertigten jedoch insofern unterscheide, als man von derselben „annehmen muß, daß in der geschlossenen Kette des Nervensystems ein beständiger und ruhiger Strom circulirt, dessen hauptsächlichste Quelle die Ganglienzellen der grauen Substanz sind. Dieser Strom wird von dem Individuum nicht empfunden. Wirken aber äußere und innere Reize auf die sensuellen oder sensiblen Nerven ein, so wird er derartig verstärkt, daß seine steigende Spannung, nachdem sie zuerst in den Verbindungszellen zum Willen geworden ist, endlich auf dem Wege durch den notorischen Nerven jene Höhe erreicht, welche zur Entladung, d. h. zur Zusammenziehung des Muskels führt. . . . . Man sieht hieraus, daß eine mechanische Leistung von Seiten des Nervensystems gar nicht stattfindet, und daß also die Meinung des Verfassers, die Drehung der Molecüle in den Centralstellen sei das Minimum einer solchen, welches dem Willen überlassen bleibe, durchaus falsch ist. Eben so irrig ist es, wenn er glaubt, daß die Polarität der Nervenmolecüle aufgespeicherte mechanische Kraft sei. Wir haben oben gefunden (?), daß sie den Normalzustand darstellt, von welchem die Leitungsfähigkeit abhängt." (S. 118.) Aus dieser Erklärung geht hervor, daß Stiebeling die Muskelcontraction nicht als eine mechanische Leistung betrachtet, und er keine Ahnung zu haben scheint, daß electrische und chemische Leistungen mechanische Molecülarleistungen sind, die ihr bekanntes mechanisches Aequivalent haben. Eben so wenig scheint er von der allgemein bekannten Aufspeicherung der Nervenkraft durch die Ernährung zu wissen, da seiner Meinung nach die Polarität der Nervenmolecüle „den

Normalzustand darstellt, von welchem die Leitungsfähigkeit abhängt" (S. 118), sowie sie „auch nichts mit dem Zustand der Ermüdung zu thun hat" (S. 119). Diese, das „Gesetz der Erhaltung der Kraft" völlig ignorirende Behauptung sucht er dadurch zu begründen, daß er auf den Herzschlag und die Athmung hinweist, welche Functionen weder im Schlafen noch im Wachen ermüden oder aussetzen, „was nicht möglich wäre, wenn die gleichgerichtete Polarität der Nervenmolecüle durch fortgesetzte Wirksamkeit gestört würde" (S. 119). Dagegen ist einzuwenden, daß diese Vorgänge im Schlafe wenn auch nicht gänzlich aufhören, so doch mindestens eine Einbuße an Intensität oder Geschwindigkeit verlieren, was auf einen Kräfteersatz während des Schlafes schließen läßt, der jedoch auch auf andre Art zu denken ist, wie z. B. durch eine wahrscheinlich eintretende gegenseitige Ablösung der betheiligten Ganglien. Sonderbarer Weise beliebt es Stiebeling jedoch eine geistige Ermüdung zuzugeben, nach Funke annehmend, „daß die Hirnrinde in dem Zustande der Action sauer, und in dem der Ruhe neutral reagirt. .... Doch kann ein solcher Vorgang weder in den organischen glatten Muskeln, noch in den Centralorganen, welche ihren Bewegungen vorstehen, in den Ganglienknoten angenommen werden, denn sie ermüden nicht; er muß sich also auf das eigentliche Denkorgan, auf die graue Substanz der Hirnrinde und auf die willkürlichen gestreiften Muskeln beschränken" (S. 119). Diese Behauptung, für die auch nicht ein physiologischer Grund von ihm angeführt wird, beweist aufs Neue des Verfassers grenzenlose Unwissenheit, da er als Arzt doch wissen müßte, daß die Nerven- und Muskelkraft einschließlich der Hirnthätigkeit ganz wesentlich von den chemischen Bedingungen abhängig ist, welche einestheils durch den Kräfteverbrauch in der Thätigkeit, und anderseits durch den Kräfteersatz (Nahrung und Ruhe) erzeugt werden. Namentlich hängt die Leistungsfähigkeit der Muskeln vom Sauerstoffgehalte derselben ab, welcher durch eine fortwährende Zufuhr guten, nahrhaften, sauerstoffreichen Blutes, das wiederum von der Ernährung abhängt, bedingt ist. Vermindert sich nach angestrengter Thätigkeit dieser Sauerstoffgehalt, häufen sich in den Muskeln durch ihr Thätigsein ausgeschiedene Muskelstoffe an, Milchsäure und namentlich Harnsäure, so wird ihre Leistungsfähigkeit herabgesetzt, ja kann sogar ganz aufhören, wie durch Ueberanstrengung hervorgerufene zeitweise Lähmungen beweisen, und es tritt Ermüdung ein, welche nur durch Ruhe, Kraftersatz und Neutralisation der Milchsäure durch alkalisches Blut wieder gehoben werden kann, d. h. die Leistungen aller Muskeln sind nicht größer als der beständig zugeführte Ersatz. Aus diesen so allgemein bekannten Thatsachen geht hervor, daß die Leistungen der Nerven und Muskeln, nicht wie Stiebeling annimmt, eine nur durch äußere Reize in Anstoß gebrachte, im Leben sich gleich bleibende Bewegungsfähigkeit repräsentiren, sondern die Ergebnisse einer aufgespeicherten mechanischen Kraft sind, welche fortwährend der Erneuerung bedarf, wie eine Dampfmaschine der Feuerung. Stiebelings Einwände hiergegen beweisen nur seine eigne Ignoranz, zu deren Abhülfe ich ihm nicht dringend genug „Das Buch vom gesunden und kranken Menschen" (Prof. Dr. C. Ernst Bock, 8. Aufl. Leipzig. E. Keil) empfehlen kann, das, den deutschen Lehrern und Müttern gewidmet, in klarer leicht faßlicher Weise eine richtige Kenntniß des menschlichen Organismus zu verbreiten sucht, und sich daher ganz besonders eignet, auch für ihn, den amerikanischen Arzt, eine Fundgrube des werthvollsten Wissens zu werden, und ihn namentlich über die allereinfachsten und bekanntesten Thatsachen aufzuklären. Das Studium dieses Werkes dürfte nicht nur seinen Kenntnissen, sondern auch seinen Patienten zuträglich sein, indem es dieselben wenigstens vor den allergröbsten Mißgriffen ihres ärztlichen Beistandes schützen, ihn selbst aber in Zukunft abhalten würde, so allgemein bekannte und anerkannte Dinge wie die Nerven- und Muskelermüdung zu bestreiten (s. Bock, S. 76, 78, 441 ꝛc. ꝛc.). Ebenso dürfte es ihn zu der Annahme Hartmann's geneigter machen, daß das gesammte Nerven- und Muskelsystem ein Apparat des Willens zur Erreichung seiner Zwecke ist, die er durch die kleinste mechanische Leistung in Scene setzt, durch die Drehung der Nervenmolecüle, deren gleichgerichtete Polarität im Nervenstrom die intendirten Handlungen ausführt. Die deutsche Naturwissenschaft wenigstens stimmt ganz mit den von Hartmann vorgetragenen Ansichten überein, wie erst die neuesten eingehenden und von glänzenden Resultaten belohnten Untersuchungen von Liebig über die Quelle der Muskelkraft bestätigen (in den „Annalen der Chemie und Pharmacie", auszugsweise mitgetheilt in den „Ergänzungsblättern" Bd. V, Hft. 8 und 9).

Hierauf wendet sich der Verfasser gegen Hartmann's Behauptung, daß nicht allein die Nerven ausschließlich die Fähigkeit besäßen, Eindrücke des Willens aufzunehmen. Hartmann nimmt mit Recht an, daß alle Wirkungen des bewußten und unbewußten Willens (dessen Existenz er nachgewiesen hat) wie in den Nerven, so auch in anderen Gebilden auf demselben Princip der Molecülarpolarisation beruhen. Zu diesen letzteren gehören „die gallertartigen Körper der niederen Wasserthiere, ferner alle thierischen Keime, die Eischeibe, die früheren Embryozustände, das aus plastischer Flüssigkeit geronnene Neoplasma, aus dem alle Neubildungen der Heilkraft hervorgehen und das Protoplasma der niederen Pflanzen" (Phil. d. Unbew. 3. Aufl. S. 153), welche Gebilde alle jene halbflüssige Beschaffenheit besitzen, die sich, wegen der Verschiebbarkeit ihrer Molecüle am besten zu polarischen Molecülarwirkungen eignet. Stiebeling's Widerlegung dieser Annahme beschränkt sich auf die Frage: „Wie kann man aber in diesen Gebilden einen selbstständigen Willen annehmen, da er doch nirgends nachgewiesen ist und sich niemals manifestirt?" (S. 122) welche Frage ich ebenso lakonisch beseitige durch die Antwort, daß man ihn annehmen muß, weil er sich manifestirt. Eine Ausnahme macht der Verfasser zwar bei den gallertartigen Körpern der niederen Wasserthiere, z. B. bei dem „der Polypen, welche unzweifelhaft die Eigenschaften der Empfindung und willkürlichen Bewegung besitzen. Wie wir früher gesehen haben, bestehen sie aus einem halbflüssigen Stoffe, der sogen. Mulder'schen Fibroine. Derselbe hat die Eigenschaften der Muskeln und Nerven zu gleicher Zeit. Das berechtigt aber den Verfasser keineswegs zu der Behauptung, daß bei den Polypen der Wille sich ohne Nerven äußere; eben so gut könnte er sagen, sie bewegten ohne sich Muskeln. Beides ist falsch, weil die Fibrnine eben so wohl die Eigenschaften der Nerven wie die des Muskels hat." (S. 122, 123.) Wie bereits erwähnt (s. oben S. 20), ist nun aber das allein wirksame und nachgewiesener Maaßen allein die Contractionserscheinungen auf electrische Reize hervorbringende Agens in den Nerven wie in den Muskeln das Protoplasma, das in den niederen Thieren frei daliegt, sowie es allein in jedem thierischen Keim, in der Eischeibe und dem Neoplasma der Wundheilung das Wirkende ist. Man darf daher auch in diesen Gebilden wie in den Nerven die Fähigkeit annehmen durch das Protoplasma Willenseindrücke zu empfangen und die Intentionen desselben auszuführen.

Daß auch im menschlichen Organismus nicht allein die Nerven ausschließliche Träger und Leiter des Willensimpulses sind, beweist z. B. „die Vertheilung der motorischen Nervenfasern in den Muskeln, wonach die Muskelfasern selbst Leiter des motorischen Stromes zu ihren Nachbarn sein müssen, die Empfindlichkeit der Haut an ihrer ganzen Oberfläche, während die Tastwärzchen doch nur hier und da unter ihr liegen, die Wirkung der Nerven auf die secernirenden Häute in ihrer ganzen Ausdehnung, während die Nerven doch nur beschränkte Theile berühren können, ferner der Umstand, daß auch nervenlose Theile des menschlichen Körpers empfindlich und schmerzhaft werden können, sobald bei verstärktem Blutandrange und Auflockerung ihres Gewebes ihre Lebendigkeit, d. h. die Verschiebbarkeit und Polarität ihrer Moleküle erhöht ist; so ist z. B. das in heilenden Wunden gebildete junge Fleisch ohne alle Nerven höchst empfindlich und eine Entzündung der nervenlosen Knorpel und Sehnen ist sogar viel schmerzhafter als eine Entzündung der Nerven selbst, endlich zeigen auch Beispiele der embryonischen Mißbildungen, daß Theile ohne Mitwirkung der dazu hinführenden Nerven gebildet werden können, z. B. Schädelknochen ohne Gehirn, Rückenmarksnerven ohne Rückenmark." (Phil. d. Unbew. 3 Aufl. S. 145.) Gegen alle diese Annahmen Hartmann's zieht S t i e b e l i n g zu Felde, indem er es zunächst bestreitet, daß auch die Muskeln Leiter des motorischen Stromes sein können. Seiner Ansicht nach treten „alle Muskelfasern mit Nervenfibrillen in Verbindung" (S. 124), während doch jeder Anatom weiß, daß auf eine letzte Nervenfibrille e i n e g r o ß e M e n g e Muskelfasern kommen, von denen nur eine oder wenige in directer Berührung mit derselben stehen können, daher man unbedingt annehmen muß, daß auch die Muskelfasern zur Weiterleitung des motorischen Stromes befähigt sind, da doch factisch alle Fasern, und nicht bloß die direct von Nervenfibrillen berührten, die Contraction vollziehen. Ebensowenig stichhaltig ist es, was S t i e b e l i n g gegen die Empfindlichkeit der Haut vorbringt, die an ihrer ganzen Oberfläche empfindsam ist, während die Tastwärzchen doch nur hier und da zerstreut unter ihr liegen. Seine Erläuterung, daß es nicht nur eine, sondern mehrere Arten von Endorganen seien, welche die Tastempfindung vermitteln (und welche man um ihrer gemeinsamen Function willen doch wohl die Licenz hat, unter dem gemeinsamen Namen Tastwärzchen zusammenzufassen), ändert an der Sache gar nichts, denn sämmtliche Arten dieser Organe stehen

z. B. auf dem Rücken sehr weitläufig, und doch sind alle zwischenliegenden Theile gegen Cirkelspitzen empfindlich.

Ein weiteres Argument für die Möglichkeit, daß der Wille ohne die Nerven wirken kann, liegt in ihrem Einfluß auf die secernirenden Häute in ihrer ganzen Ausdehnung, während sie doch nur beschränkte Theile derselben berühren können. Diese Annahme Hartmann's ist wiederum für Stiebeling, den Kenner der Anatomie und Physiologie, ganz unbegreiflich (S. 126), was ich jedoch zur Ehre der Wissenschaft nicht von allen Anatomen und Physiologen annehmen will. Die meisten derselben werden wissen, daß die Nerven zarte Fasern, die Häute aber Flächen sind, mithin große Stellen der Häute unberührt von den Fasern bleiben, die nur an gewissen Punkten einsetzen. Für Stiebeling scheint dagegen eine geometrische Linie oder ein Punkt eine ganze Fläche in allen ihren Theilen berühren zu können. — Der Umstand, daß auch nervenlose Theile empfindlich sein können, z. B. das junge Fleisch in heilenden Wunden, wird von dem Verfasser durch die Annahme erklärt, daß „jedenfalls die jungen Nervenelemente in ihnen schon vorhanden" (S. 126) sein müssen. Dagegen ist jedoch einzuwenden, daß diese erst viel später entstehen, als das neugebildete Fleisch schon schmerzhaft ist. Ebenso unrichtig ist seine Behauptung, daß die Schmerzhaftigkeit entzündeter Knochen und Sehnen „nicht ihren Sitz in ihnen hat, sondern in angrenzenden nervenreichen Geweben, die entweder selbst entzündet sind, oder durch den in Folge der Anschwellung stattfindenden Druck gereizt werden." (S. 126.) Wenn auch das letztere für viele Fälle zutreffend ist und zugegeben werden muß, so darf man deshalb den Knorpeln und Sehnen doch noch keineswegs die Empfindung und Schmerzhaftigkeit absprechen, wie denn auch Wundt („Beiträge zur Theorie der Sinneswahrnehmungen" Seite 392—395) gerade das Gegentheil die Annahme Stiebeling's behauptet und allen Organen ihre specifischen Empfindungen zuschreibt. Eben so Burbach, der in seiner Physiologie die Entzündung der nervenlosen Knorpel und Sehnen sogar für schmerzhafter, als die der Nerven erklärt.

Die Beispiele embryonischer Mißbildungen, wo Theile ohne Mitwirkung der dazu hinführenden Nerven gebildet werden, z. B. Schädelknochen ohne Gehirn ꝛc., leugnet Stiebeling geradezu, obwohl das Vorkommen derselben wenn auch nicht alltäglich, so doch unzweifelhaft ist und von den bedeutendsten Physiologen, darunter Burbach, constatirt wird. Stiebeling's Haupteinwurf dagegen lautet jedoch folgendermaßen: „Der Verfasser scheint zu glauben, daß die Entwickelung des Embryo von den Nerven abhinge; aber er denkt nicht daran, daß dieselben in dem Ei noch nicht vorhanden sind, und daß sie also selbst erst entstehen müssen, ehe von ihrer Einwirkung auf andere Theile die Rede sein kann." (S. 127.) Gerade das führt nun aber Hartmann als Hauptargument für seine Behauptung an, nach welcher nicht nur in den Nerven, sondern auch in anderen Gebilden der Wille sich wirksam und schaffend erweist, was auch Stiebeling selbst an anderer Stelle (S. 17) citirt. Man darf daher annehmen, Hartmann habe allerdings daran gedacht, daß nicht die Nerven die Entwickelung des Embryo bedingen.

Die nun folgenden Erörterungen Hartmann's über „Willensströme sensibler Nerven" übergeht der Verfasser wiederum gänzlich, um sich desto weitläufiger über den thierischen Magnetismus auszulassen, den er en bloc verurtheilt, ihn als „gegen alle physiologischen Begriffe" (S. 130) bezeichnet und „ganz unverständlich" (S. 130) findet. Alle diese Auslassungen tragen jedoch so sehr den Stempel crassester Unwissenheit, verrathen einen so völligen Mangel jeder Kenntniß aller hierhergehörigen Thatsachen und der auf dieselben bezüglichen Literatur, daß ich darauf verzichten muß, sie zu besprechen, da ich nicht gewillt bin, Bände mit Herrn Dr. Stiebeling's Beschränktheit zu füllen. Nur das will ich Herrn Stiebeling noch zu wissen thun, daß in Deutschland die bedeutendsten und geachtetsten Aerzte von wissenschaftlichem Ruf unter Umständen ihren Patienten Anwendung des thierischen Magnetismus verordnen, eine kleine Zahl sich auch ausübend mit demselben beschäftigt, und daß einer der methodischsten und renommirtesten deutschen Physiker, der auch wegen seiner wichtigen Entdeckungen auf dem Gebiete der organischen Chemie und der Meteoriten bekannte, kürzlich verstorbene Freiherr von Reichenbach durch seine Entdeckung des Od dieses bisher so dunkle Gebiet von Phänomenen auf eine wissenschaftliche Basis gestellt hat, die freilich auch in Deutschland noch nicht die Beachtung gefunden hat, welche sie verdient.

Der Einfluß des bewußten Willens auf die vegetativen, wahrscheinlich von sympathischen Nerven geleiteten, Functionen ist nach Hartmann kein direkter, sondern, wo er vorkommt, ein erst durch unbewußtes Wollen und Vorstellen ermöglichter, ebenso wie die Ausführung der willkürlichen Bewegungen. So ruft z. B. das bewußte Wollen einer stärkeren Speichelabsonderung „den unbewußten Willen zum Setzen der nöthigen Mittel hervor, nämlich er erzeugt von den gangliösen Endigungen der zu den Mundspeicheldrüsen führenden sympathischen Fasern aus solche Ströme in denselben, welche die beabsichtigte Wirkung hervorbringen." (Phil. d. Unb., 3. Aufl. S. 158.) Dagegen führt Stiebeling an, daß die Steigerung dieser Secretion vor allem durch das Einführen von Speisen erzeugt werde, daß aber auch „schon der Anblick oder besser noch die Vorstellung des Genusses angenehmer, besonders saurer Speisen augenblicklich eine starke Speichelabsonderung hervorruft" (S. 134), mit welcher Erklärung er Hartmann's Behauptung ohne Weiteres zugiebt. Denn, indem jene Vorstellung willkürlich hervorgerufen werden kann, kann es auch die Absonderung, welche Vermittlung jedoch bei vielen Personen selbst nicht einmal nöthig ist, wo die Vorstellung der

Speichelabsonderung selbst genügt, um sie hervorzubringen. Da nun aber der bewußte Wille offenbar irgend eine Vorstellung als Inhalt haben muß, so entspricht hier die Vorstellung der Geschmacksempfindung reizender Speisen, resp. die Vorstellung der Speichelabsonderung selbst, ganz genau der Vorstellung des Muskelgefühls beim Fingerheben resp. der Vorstellung des Fingerhebens selbst als Inhalt des bewußten Willens, der die Ausführung des Fingerhebens hervorruft. Ganz analog verhält sich die Vorstellung geschlechtlich aufregender Personen oder Gegenstände, resp. die Vorstellung der bei geschlechtlicher Reizung eintretenden Empfindung, wenn sie Inhalt einer Willensintention wird, die nicht bloß bei pathologischen Nervenzuständen, sondern auch bei gesunden, aber nervös reizbaren Individuen von besonders erregbarer Phantasie zur organischen Erfüllung einschlägiger vegetativer Functionen führen kann, eine Thatsache, die Stiebeling ebenfalls nur aus Unkenntniß zu bestreiten vermag. Seine Opposition gegen diese Behauptung Hartmann's beruht hier außerdem noch auf einem gänzlichen Mißverstehen des letzteren, indem er annimmt, Hartmann habe einen „direkten Einfluß des bewußten Willens auf die eigentlichen vegetativen Functionen" (S. 136) beweisen wollen. Hätte der Verfasser sich nur die Ueberschrift des betreffenden Capitels angesehen, welche: „vom indirekten Einfluß bewußter Seelenthätigkeit auf vegetative Functionen" lautet, so hätte ihm schon allein hieraus klar werden müssen, daß sein Gegner dem bewußten Willen nur ein indirectes Einwirken mit Hülfe des unbewußten Willens zuschreibt. Wie der Edle von la Mancha hat Stiebeling sich wieder gegen Windmühlen hinreißen lassen. — Er wendet sich demnächst zu den organischen Functionen, auf welche die bewußte Vorstellung einen Einfluß übt, wozu in erster Reihe die Mienen und Geberden gehören, die bei allen Individuen so nothwendig und übereinstimmend erfolgen, daß sie durchaus als unwillkürliche Reflexbewegungen erscheinen. Gegen diese Ansicht Hartmann's führt natürlich Stiebeling wieder seine altbewährte Truppe: „willkürliches und bewußtes Handeln" (S. 139) ins Feld. „Jeder gute Schauspieler kann rasch eine heitere mit einer traurigen Miene, eine Geberde der Lust mit einer der Verzweiflung vertauschen" (S. 139). Diese Mienen und Geberden versteht nun aber ein Jeder, daher es klar ist, daß dieses allgemeine Verständniß nur aus der nothwendigen Uebereinstimmung bei allen Individuen herrühren kann, welche von dem unbewußten reflectorischen Character dieser Bewegungen gesetzt wird. Daß auch der bewußte Wille sie freiwillig hervorzurufen vermag, ist gewiß, damit jedoch noch nicht bewiesen, daß sie nicht auch ebensowohl reflectorisch sein können, wie viele Reflexbewegungen, welche der bewußte Wille gleichfalls hervorrufen kann. Dasselbe gilt von den Nachahmungsbewegungen. „Wenn wir einen Redner heftig declamiren sehen, oder wenn wir ein Duell, ein Fechten, einen kühnen Sprung, einen Tanzenden mit ansehen, und bei der Sache lebhaft betheiligt sind, so machen wir ähnliche Bewegungen mit, wie es uns gerade unsere Positur erlaubt, oder fühlen doch den Drang zu ähnlichen Bewegungen, wenn wir ihn auch unterdrücken. Ebenso singt der natürliche Mensch gern die Melodie mit, die er spielen hört. Wenn man Jemand gähnen sieht, so ist es sehr schwer, das Gähnen selbst zu unterdrücken, und auch umfangreichere Krämpfe, wie Veitstanz, Epilepsie, wirken oft durch den bloßen Anblick auf reizbare Personen ansteckend, ja sie können zu vollständigen Stammes- und Secten-Epidemien werden. Da in allen diesen Fällen nicht materieller Einfluß die Vermittelung übernimmt, so kann es nur die Vorstellung dieser Bewegungen sein, welche durch den Anblick so lebhaft erregt wird, daß sie den unbewußten Willen zur Ausführung erweckt. Indem dieser Proceß innerhalb eines Nervencentrums vorgeht, auch wohl der letzte Ausführungswille in diesem Centrum bewußt wird, gehört er unter den Begriff Reflexbewegung." (Phil. d. Unbew. 3. Aufl. S. 160.) Stiebeling leugnet natürlich auch hier den reflectorischen Character, das Jnstinctive dieser Handlungen, indem er wie immer den Grund zu denselben als „in der Sphäre des Bewußtseins liegend" (S. 140) annimmt.

Diese seine Behauptung glaube ich nicht besser widerlegen zu können, als durch Anführung einiger Stellen aus einer kleinen geistvollen Schrift eines französischen Arztes, zugleich Verfassers einer auf ausgedehnter Literaturkenntniß und eingehenden Forschungen beruhenden „Psychologie naturelle" („De l'imitation, considerée au point de vue des différents principes qui la déterminent, par le Docteur Prosper Despine. Marseille 1871), welche den Gegenstand eingehend erörtert und dabei fast zu denselben Resultaten gelangt wie Hartmann, namentlich in Bezug auf das Unwillkürliche, Jnstinctive der Nachahmungsbewegungen, und zwar folgendermaßen: „L'homme est engagé à imiter son semblable par un instinct particulier, l'instinct d'imitation, mais toutes ses propensions à imiter ne proviennent pas de cet élément instinctif" (p. 2).

„Il y a une imitation purement instinctive, et pour ainsi dire passive, et une imitation intellective ou active, l'une qui nous est commune avec tous les animaux et qui s'accomplit à notre insu, à toutes les époques et dans toutes les conditions de la vie matérielle; l'autre, qui est du domaine de l'esprit, s'exerçant avec intelligence et réflexion, cherchant à copier sciemment, a traduire fidèlement et volontairement tout ce qui plaît." (Comparer Dr. Jolly· L'union médicale, t. VII, p. 350, 1869.) „C'est surtout dans le jeune âge que nous observons ses effets. Les enfants sous l'influence de cet instinct, imitent les mouvements qu'ils voient faire, la démarche, la tenue, l'accent de la voix, la prononciation, les gestes et mille autres choses semblables dont les rendent témoins leurs parents et les personnes avec lesquelles ils sont le plus souvent en contact; et ils accomplissent ces actes sans y penser, sans le vouloir, sans presque le savoir; ou bien ils font avec intention ce qu'on appelle vulgairement des singeries; ils accomplissent même quelques actes importants, poussés par l'instinct d'imitation, lorsque les sentiments moraux élevés, sommeillant encore dans leur esprit, ne peuvent les guider et combattre les impulsions inconvenantes de l'instinct d'imitation devant des actes inconvenants. Suivant les actions dont ils sont souvent témoins, ils prennent une foule d'habitudes bonnes ou mauvaises" (De l'imitation p. 3.). „Les enfants dont les faibles sentiments moraux ne se sont pas encore développés, soit spontanément, soit par l'éducation, peuvent également commettre des actes graves par la seule puissance de l'instinct d'imitation. Voient ils commettre des actes inconvenants? ils s'empressent de les reproduire; sont ils témoins d'actes de cruauté? ils les répètent sur d'autres enfants moins forts qu'eux, ou sur des animaux" (p. 5). „L'instinct d'imitation, faculté qui n'a rien de noble et d'élevé, est souvent fort développé chez les individus dont les facultés intellectuelles sont rudimentaires ou nulles, chez les imbéciles et même chez les idiots. La puissance de cette faculté peut être considerée comme un grand bienfait chez ces disgraciés de la nature. Dépourvus d'initiative et de facultés psychiques capables de régler convenablement leur manière d'agir, ils trouvent dans l'instinct d'imitation bien dirigé un principe de bonne conduite et la source d'un travail utile et fructueux. On a vu des imbéciles ne pouvant rien imaginer, rien créer par eux-mêmes, être portés au travaux d'imitation et devenir habiles a reproduire les modèles qu'ils ont sous les yeux, à peindre des fleurs, a imiter des ouvrages de couture et de broderie, à copier l'écriture, la musique, ou tout autre travail manuel compliqué. Dans cette circonstance, n'attribuons cependant à l'instinct d'imitation que ce que lui revient c'est-à-dire le penchant à imiter et le désir." (p. 4—5.)

Diese Aussprüche, welche Hartmanns Annahme in Bezug auf den unwillkürlichen, instinctiven Character der Nachahmungs= bewegungen so vollkommen bestätigen, überheben mich jeder weiteren Debatte hierüber mit Stiebeling, welcher sich nach Erledigung dieses Punktes dann noch gegen einige nebensächliche Behauptungen seines Gegners wendet, dieselben zum Theil nicht verstehend, theils zugebend, um hierauf das achte und letzte Capitel zu beginnen.

IX.
Das Unbewußte im organischen Bilden.

Auch dieses bedeutende und interessante Capitel behandelt Stiebeling mit gewohnter Oberflächlichkeit, ja noch lückenhafter als die vorigen, indem er das Hauptresultat von Hartmann's Untersuchungen ganz unbeachtet läßt, ja desselben nicht einmal erwähnt und von den 50—60 Beispielen und Belegen seines Gegners nur 5 bespricht und zu widerlegen versucht. Wie bei der Naturheilkraft die Unmöglichkeit einsehend, sein bewährtes Mittel „bewußtes und willkürliches Handeln" anzuwenden und das organische Bilden als eine vom Bewußtsein erzeugte Thätigkeit darzustellen, bleibt ihm kein anderer Ausweg, als die Sache zu umgehen und an Stelle ernstlicher Untersuchung ein aus Mißverständniß und Unverstand zusammengesetztes Bemäkeln einiger Einzelheiten treten zu lassen.

So richtete sich sein erster Angriff gegen jene Behauptung Hartmann's, nach welcher wir den Zweck des Thierreichs, als Gegensatz zum Pflanzenreich, in einer Steigerung des Bewußtseins zu sehen haben, indem er eben so naiv wie geistverrathend fragt: „Warum soll das Thierreich die Steigerung des Bewußtseins zum Zwecke haben, wenn das Prinzip, die Kraft oder das Wesen, wodurch es geschaffen wird, also das Unbewußte selbst dieser Eigenschaft entbehrt? Ist es nicht viel logischer anzunehmen, daß das Bewußtsein und überhaupt die Denkfähigkeit eine nothwendige Folge der höheren Organisation der Materie ist?"

(S. 144.) Was das erste Warum betrifft, so würde Stiebeling die Beantwortung desselben gefunden haben, wenn er die Philosophie des Unbewußten zu Ende gelesen hätte. Für die Leser aber, welche Hartmann's Werk noch nicht kennen, bemerke ich, daß dem Unbewußten, welches der seiner selbst noch nicht bewußte substantielle Geist ist, bei Hartmann, wie bei Hegel und Schelling, alles darauf ankommt, zum Bewußtsein zu gelangen, was eben nur in der bis zum Menschen aufsteigenden Reihe des Thierreichs möglich ist. Das Nähere hierüber, so wie über den Grund, weßhalb das Unbewußte nach Bewußtsein strebt, ist nachzulesen in der Phil. d. Unbew. Kap. C. I, II, III, VII, X, XIII und XIV, was ich wieder nur für die Leser bemerke, da Stiebeling wohl keine Aussicht haben dürfte, mit dem ihm zu Gebote stehenden Maaß von Geistesfähigkeit in den Sinn der Hartmann'schen Philosophie einzudringen. Was dagegen die zweite Frage betrifft, „ob es nicht viel logischer ist, anzunehmen, daß das Bewußtsein eine nothwendige Folge der höheren Organisation der Materie ist?" so ist dieselbe eben so unnöthig, wie die erste, da der von Hartmann angeführte wahrscheinliche Zweck des Thierreichs, die Steigerung des Bewußtseins, es keineswegs ausschließt, daß derselbe gleichzeitig eine nothwendige Folge der höheren Organisation der Materie ist. Hartmann ist weit entfernt dies zu verkennen, sondern hat vielmehr ein ganzes Kapitel (C. II) dem Nachweis dieser Behauptung gewidmet, wie er denn überhaupt die Steigerung des Bewußtseins keineswegs als die wirkende Ursache, sondern nur als den die wirkenden Ursachen ideell bestimmenden Zweck der Existenz des Thierreichs darstellt, unter welchen wirkenden Ursachen er auch die anorganischen Naturgesetze der Materie und die Existenz und Einrichtung des Pflanzenreichs mitbefaßt. Diese Scheidung der organischen Wesen in das Thier- und Pflanzenreich nimmt er jedoch durchaus nicht in dem einseitigen Sinne, wie Stiebeling es darzustellen beliebt, indem er behauptet, Hartmann stelle „dem Pflanzenreich als Producenten, das Thierreich als Consumenten" (S. 145) entgegen. Gegen diese Auffassung verwahrt sich Hartmann ausdrücklich an verschiedenen Stellen, so z. B. in dem Folgenden: „Dieser Gegensatz des Bildens und Verbrauchens ist nun aber nicht etwa so streng zu nehmen, als ob die Pflanze bloß producirte, das Thier bloß consumirte, vielmehr sehen wir in jedem Thiere auch Prozesse theils der Höherbildung aufgenommener Stoffe (z. B. die Bildung der Gehirnfette), theils der Umbildung derselben ohne Rückgang, theils der Zersetzung und Wiederzusammensetzung im Verlaufe des Verdauungs- und Assimilationsprocesses; andererseits sehen wir in jeder Pflanze einen stellenweisen Verbrauch der Produkte, die sie selbst an anderen Stellen gebildet hat (man denke nur an die Rückbildungsprocesse in den Blüthen, ihre Sauerstoffeinathmung und Kohlensäureausscheidung). . . . . . Es kann mithin auf beiden Seiten nur von einem Mehr oder Weniger die Rede sein; jedes Thier ist zum Theil pflanzlicher, jede Pflanze zum Theil thierischer Natur. . . . . . . Pflanze und Thier haben als organische Wesen gewisse Eigenschaften gemeinschaftlich; durch andere Eigenschaften werden sie gemäß ihrer verschiedenen Bestimmung im Haushalt der Natur unterschieden. . . . . . . Würde man die Thatsachen unbefangen aufnehmen, so würde daraus eben nur das hervorgehen, daß man das Gebiet der beiden Reichen gemeinschaftlichen Eigenschaften bisher zu eng gezogen hat, daß der Unterschiede zwischen Thier und Pflanze viel weniger sind, als man bisher geglaubt hat, und daß diese Unterschiede nur in ihren gesteigerten Formen so eclatant werden, daß Niemand sie verkennen kann. In neuester Zeit hat diese Auffassung auch in naturwissenschaftlichen Kreisen mehr und mehr Boden gewonnen, und erscheint als die strengste Durchführung derselben der Versuch Häckels als drittes Reich vor Pflanzen- und Thierreich ein Protistenreich zu stellen. . . . . . .

Diese Anschauungsweise ist auch die einzige, welche von der Geologie gebilligt werden kann. Während jetzt die Schöpfung der Erde durch das Gleichgewicht der Productionen des Thier- und Pflanzenreiches besteht, konnte offenbar der erste Grundstein zur organischen Natur nur mit solchen Wesen gelegt werden, welche dieses Gleichgewicht in sich enthielten, und somit noch auf dem Indifferenzpunkte zwischen Thier und Pflanze standen. Eines der wichtigsten dieser wunderbaren Wesen, welchem die Geschichte der Erde die gesammte Kreideformation zu verdanken scheint, ist durch die neueren Tiefseeforschungen an's Licht gezogen und Bathybius genannt worden. Auf welche Weise dieses den Meeresgrund erfüllende und Häufchen von mikroskopischen kreidigen Schalen (Coccolithen) in sich absondernde schleimige Gallertnetz mit eingestreuten Protoplasmakörnern bei dem Mangel jeglichen Lichtstrahls sich ernährt und gedeiht, ist bis jetzt ein Räthsel. Erst von einem solchen unscheinbaren Anfang aus konnte im Fortschreiten die Entwickelung nach den verschiedenen Seiten beginnen, indem Meerthiere entstanden, welche von diesen indifferenten Protisten lebten (Polypen u. s. w.), und als deren Gegengewicht die ersten Stufen entschiedener Pflanzengebilde möglich wurden. Je mehr beide Reiche sich bevölkerten, desto mehr Nahrungsmittel für höhere Thierklassen wurden disponibel, desto mehr höhere Pflanzenklassen konnten wieder von den Lebens- und Todesprodukten dieser Thiere bestehen, und so hielt die Entwickelung in beiden Reichen immer gleichen Schritt, wie die Geologie es lehrt, während innerhalb eines jeden Reiches die niederen Stufen im Allgemeinen immer den höheren vorangehen. Hieraus sollte man aber auch den Schluß ziehen, daß Pflanzen- und Thierreich im Ganzen nicht subordinirte, sondern coordinirte Schöpfungsgebiete sind. ......" (Phil. d. Unbew. 3. Aufl. S. 449, 450, 451 u. 452.) Nach diesen Aeußerungen seines Gegners muß es mehr als sonderbar erscheinen, wenn Stiebeling dessenungeachtet behauptet, Hartmann stelle das Pflanzenreich dem Thierreich gegenüber, da seine Unterscheidung dieser beiden Reiche doch eben so flüssig ist, wie sie in der Wirklichkeit sich darstellt. Aus der ganzen hierauf bezüglichen Erörterung Stiebelings geht es hervor, daß er sich mit den betreffenden Kapiteln der Philosophie des Unbewußten gar nicht bekannt gemacht oder eine absichtliche Fälschnng Hartmanns begangen hat, da die klare, jedes Deuteln ausschließende Sprache Hartmann's kaum annehmen läßt, ein Mißverständniß habe den Verfasser zu einer so völligen Verdrehung der ausgesprochenen Ideen seines Gegners verleitet.

„Die Erklärung der Ursache, weßhalb die organische Natur in Pflanzen- und Thierreich getrennt ist," glaubt Stiebeling „nach dem Princip des Nothwendigen" auf andere Art als Hartmann in Folgendem zu geben: „Als unser Erdball in seiner Entwickelung bis dahin gediehen war, wo seine zwar noch dünne, aber doch schon hinreichend erstarrte und feste Oberfläche sich mit der durch die Vereinigung gewisser chemischer Elemente entstandenen formlosen, organischen Materie, (welche kürzlich bei Tiefmessungen auf dem Boden des atlantischen Oceans wiedergefunden worden ist) bedeckt hatte, war die Möglichkeit des pflanzlichen und thierischen Lebens gegeben. Unter dem Einfluß des Lichts und der Wärme bilden sich aus diesem sogenannten Urschleime die ersten Zellen. Die Atmosphäre enthielt damals viel mehr Kohlensäure und weniger Sauerstoff . . . . Eine nothwendige Folge hiervon mußte sein, daß die Urzellen im Anfang eine pflanzliche Entwickelungsrichtung einschlugen; sie wurden stabil, hafteten an dem Boden wo sie entstanden waren, ... sie athmeten Kohlensäure ein, assimilirten den Kohlenstoff und schieden Sauerstoff aus. Auf diese Weise wurde die Menge des letzteren so rasch vermehrt, daß die Hauptbedingung des thierischen Lebens sich bald erfüllte. Es entstanden nun aus der formlosen organischen Materie und zwar wahrscheinlich im Wasser, womit der größte Theil der Erdoberfläche bedeckt war, Zellen, welche jenen von den Pflanzen gelieferten Sauerstoff in sich aufnahmen, und in Folge des dadurch herbeigeführten lebhafteren und mit Wärmeerzeugung verbundenen Stoffwechsels beweglich w u r d e n (?) Die ersten Wesen dieser Art waren Uebergangsformen, indem sie noch an dem einen Ende ihres Körpers vermittels einer die Wurzeln ersetzenden Ablagerung von Kalksalzen mit dem Boden zusammenhingen . . . . bis zuletzt Zellen zum Vorschein kamen, welche ganz frei im Wasser sich bewegten und aus demselben und der darin enthaltenen Luft ihre Nahrung zogen." (S. 146.) Will man dies als eine Erklärung der Ursache des Thierreiches nehmen, obwohl es nur eine Darlegung der äußeren Bedingungen, welche dasselbe ermöglichten, ist, so unterscheidet sie sich von derjenigen Hartmann's nur durch ihre größere Einseitigkeit und Unvollständigkeit, die sich namentlich in dem völligen Verkennen der Bedeutung des Protistenreiches ausspricht. S t i e b e l i n g scheint von dem Vorhandensein desselben, wenn überhaupt, nur einen sehr schwachen Begriff zu haben, da er desselben kaum erwähnt, und es nur als Uebergangsform gelten lassen will. Eben so übersieht er, daß die U r p f l a n z e n und Urthiere durchaus nur W a s s e r p f l a n z e n und Wasserthiere sein konnten, und daß auch die Urpflanzen als niedere im Ocean schwimmende Wasserpflanzen b e w e g l i c h, und nicht wie er annimmt stabil und am Boden haftende waren, was ihnen sicherlich schon deshalb hätte schwer werden müssen, da, wie S t i e b e l i n g selbst zugiebt, „der größte Theil der Erdoberfläche mit Wasser bedeckt war." Nach dieser Theorie hätten sich also keine organischen Wesen zu bilden vermocht, ehe nicht Inseln aus dem Alles bedeckenden Meere emporgetaucht waren — eine Annahme, deren Unhaltbarkeit jedem mit der Entwickelungsgeschichte unsrer Erde Vertrauten, sofort einleuchten muß. S t i e b e l i n g's Erklärungsversuch entbehrt sonach selbst in Bezug auf die äußeren

Bedingungen, welche das Thierreich ermöglichten, der richtigen wissenschaftlichen Grundlage; noch weniger vermag er natürlich Licht zu werfen auf die innere treibende Ursache, die aus dem Urschlamme jene unendliche Reihe von Geschöpfen entstehen ließ, deren Daseinszweck zu ergründen der philosophische Geist sich stets von Neuem getrieben fühlt. —

Hierauf wendet sich Stiebeling gegen Hartmann's Annahme, daß jeder Ingestion sehr bald eine verhältnißmäßig gesteigerte Egestion folge, noch ehe das Blut die neuen Stoffe aufgenommen habe. Diese vom Verfasser ganz aus dem Zusammenhang gerissene, und so völlig unverständliche Erscheinung führt Hartmann bezüglich der merkwürdigen Leistung des Organismus, der Erhaltung der constanten Wärme an, „die nur durch wunderbar genaue Regelung der Athmung, der Ingestion und Egestion bewirkt werden könne." (Phil. d. Unbew. 3. Aufl. S. 174.) Diese letztere Behauptung, auf die es eigentlich ankommt, völlig unerwähnt und ununtersucht lassend, bekrittelt dagegen Stiebeling die Annahme Hartmann's, daß z. B. eine vermehrte Schweißabsonderung nach dem Genuß kalten Wassers sofort eintrete, noch ehe das Blut das eingeführte Wasser habe aufnehmen können. Seiner Ansicht nach verstärkt sich die Absonderung erst „wenn die eingeführte Flüssigkeit von dem Darme resorbirt ist und den Wassergehalt des Blutes über das Mittel erhöht hat" (S. 147). Die Ansichten der Physiologie scheinen bis jetzt über diesen Punkt noch sehr getheilt zu sein, da sowohl für Hartmann's, als auch für Stiebeling's Annahme sich Stimmen finden lassen, obgleich für die des ersteren der Umstand spricht, daß z. B. nach dem Trinken kalten Wassers bei großer Hitze sofort eine vermehrte Schweißabsonderung eintritt, und nach meinen Erfahrungen zum Schweiß geneigte Personen nach jeder Einnahme — gleichviel ob kalter oder warmer Getränke, fast momentan eine lebhaft gesteigerte Hautthätigkeit entfalten. — Was übrigens Stiebeling durch dieses Nörgeln und Bekritteln einer in Bezug auf die Widerlegung des Unbewußten so völlig nebensächlichen Frage, zu erreichen strebt, wäre absolut unverständlich, wenn er nicht sein Umgehen des eigentlichen Gegenstandes dadurch zu bemänteln suchte, welche Verlegenheitsauskunft jedoch nur Schwachsichtige zu täuschen vermag. —

Seinen letzten Angriff richtet der Verfasser gegen die unbewußte Seele, den unbewußten Willen, der nach Hartmann's Ansicht aus dem Ei das Embryo und im Verlauf der Entwickelung das ganze Wesen bildet. Was Stiebeling darüber aussagt, ist so völlig aus der Luft gegriffen, entbehrt jeder Begründung und steht so gänzlich in Widerspruch mit den Aeußerungen Hartmann's, daß es ganz unbegreiflich ist, wie der Verfasser es wagen kann, dergleichen Sinnlosigkeiten seinem Gegner aufzubürden. In Bezug auf die Individualisation der Seele, behauptet der Verfasser, nehme Hartmann an, daß dieselbe „im Moment der Befruchtung vor sich ginge. Wenn aber nun die Bienenkönigin, wie man jetzt ganz gewiß weiß, Eier erzeugt, welche ohne Befruchtung sich zu männlichen, zeugungsfähigen Individuen, zu Drohnen entwickeln, wo bleibt denn da die Individualisation der Seele? Oder haben etwa diese Drohnen keine Seele?" (S. 149.) Das Einzige, was Hartmann in Bezug auf den Zeitpunkt sagt, wo das individuelle Leben des Eis, die unbewußte Seele desselben in Wirksamkeit tritt, findet sich S. 179 wo er sich dahin gehend äußert, „daß der Moment der Individualisation der neuen Seele der der Befruchtung ist, falls ein solcher überhaupt angenommen werden darf." (S. 179.) Diese Einschränkung weist auf die weitere Entwickelung der Idee hin, die sich im Laufe der Untersuchungen Hartmann's ergiebt und die Seele eines jeden Geschöpfes darthut als „die Summe der auf den betreffenden Organismus gerichteten Thätigkeit des Einen Unbewußten." (Phil. d. Unbew. 3. Aufl.

S. 547.) Schon hieraus geht hervor, daß Hartmann weder eine Individualisation der Seele im gewöhnlichen Sinne, als eines abgegrenzten Wesens annimmt, noch daß er dieses abgegrenzte Wesen im Moment der Befruchtung gleichsam Besitz ergreifen läßt von dem eben befruchteten Ei, wie es Stiebeling darzustellen beliebt. Daß aber der unbewußte physische Einfluß lange vor der Befruchtung beginnt und sich schon auf die Entstehung und Beschaffenheit der beiderseitigen Zeugungsstoffe vor ihrer Zusammenführung erstreckt, hat Hartmann S. 547—550 klar genug erläutert. Die unbewußte Seele ist nach Hartmann's Auffassung „die plastisch bildende Kraft, welche den Organismus aufbaut und während seiner Lebensdauer in der ihm eigenthümlichen Form zusammen hält; sie ist jene geheimnißvolle Kraft, welche im organischen Keime verborgen und an ihn gebunden, allmälig in der planmäßigen Entwickelung und zweckmäßigen Einrichtung des Organismus zur Erscheinung kommt."*) Stie-

---

*) Wenn Stiebeling mit einer der bekanntesten und interessantesten Erscheinungen der naturwissenschaftlichen Natur seines Landes, ich meine mit Barnard's Rede über die neueren Fortschritte der Wissenschaften auf der im August 1868 in Chicago stattgehabten Versammlung (deutsch von Klöden, Berlin bei Weidmann) bekannt wäre, so würde er über die Uebereinstimmung dieses Naturforschers mit dem Philosophen erstaunt sein. Nach Barnard haben alle materiellen Kräfte, sich selbst überlassen, das Bestreben, möglichst dauerhafte Combinationen, möglichst stabile Formen anzunehmen; wenn der organische Lebensprozeß sich in entgegengesetzter Richtung bewegt, so könne dies nur dadurch erklärt werden, daß ein immaterielles organisches Lebensprincip, ohne selbst eine neue Kraft in den Proceß einzuführen, dahin bestimmend wirke, welche Kraftformen in dem beständigen Umwandlungsprozeß der Kräfte eingegangen werden sollen (S. 37—39). Im Anhang der Brochüre wird ein Urtheil des berühmten Physikers Tyndall angeführt, nach welchem die Association der mechanischen Erscheinungen im Organismus mit den psychischen im Bewußtsein in Wahrheit die letzteren in keiner Weise zu erklären vermag, und auch dann niemals zu erklären im Stande sein würde, wenn man sie bis in's Kleinste constatirt hätte, wovon man jetzt noch weit entfernt ist (S. 55). Barnard resümirt seine Ueberzeugung dahin, „daß wir als Physiker nichts mit der Philosophie des Geistes zu thun haben und daß bei dem Versuche, die Phänomene des Geistes unter

beling's Versuch, diese Auffassung seines Gegners durch völlige Entstellung zu vernichten, beweist, wenn nicht noch Schlimmeres, so doch mindestens, daß er Hartmann's Buch gar nicht zu Ende gelesen, vor allem aber das auf den vorliegenden Fall seiner Ueberschrift nach speciell bezügliche Capitel C. VIII. „Das Wesen der Zeugung vom Standpunkte der All-Einheit des Unbewußten," als nicht zu dem kritisirten Abschnitt A gehörig, gar nicht beachtet hat. Dasselbe ergiebt sich auch aus seiner Behauptung, daß „in jedem Ei die Anordnung der Molecüle eine verschiedene sein muß" (S. 150), womit er wie es scheint etwas ganz Neues und von Hartmann nicht Anerkanntes zu sagen glaubt. Hätte er Cap. C. VI. der Philosophie des Unbewußten gelesen, so würde er gefunden haben, daß Hartmann ganz derselben Ansicht ist, indem er sagt: „daß in der scheinbaren molecularen Homogenität des befruchteten Eies doch diejenigen Differenzen vorhanden sein müssen, daß in ihrer Entwickelung zum Kinde „nachher die feinsten geistigen und körperlichen Eigenthümlichkeiten der beiden Eltern an diesem wieder zum Vorschein kommen. Staunend und bewundernd müssen wir hier vor der unendlichen für uns unfaßbaren Feinheit der eiweißartigen Materie still stehen." (Phil. d. Unbew. 3 Aufl. S. 511.) —

Hiermit endet die Widerlegung des Unbewußten durch Herrn Dr. med. Stiebeling, und indem ich meine Besprechung derselben dem Urtheil des wissenschaftlich gebildeten Publikums übergebe, glaube ich nicht besser schließen zu können, als mit den Worten eines naturwissenschaftlichen Forschers, eines Gelehrten im edelsten Sinne, Ernst Häckel's. Derselbe sagt in seiner „Natürlichen Schöpfungsgeschichte" 2. Aufl. S. 639: „Die Un-

---

die Gesetze der Materie zurückzuführen, wir über unsern Boden hinauswandern, nichts Gewisses aufstellen, den Namen der exacten Wissenschaft lächerlich machen" (S. 52). Dies möge Herr Stiebeling sich von seinem Landsmann gesagt sein lassen.

masse von neuen empirischen Thatsachen, mit denen uns die riesigen Fortschritte der neueren Naturwissenschaft bekannt gemacht haben, hat eine vorherrschende Neigung für das specielle Studium einzelner Erscheinungen und kleiner engbegrenzter Erfahrungsgebiete herbeigeführt. Darüber wird die Erkenntniß der übrigen Theile und namentlich des großen umfassenden Naturganzen meist völlig vernachläßigt. Jeder, der gesunde Augen und ein Mikroskop zum Beobachten, Fleiß und Geduld zum Sitzen hat, kann heutzutage durch mikroskopische „Entdeckungen" eine gewisse Berühmtheit erlangen, ohne doch den Namen eines Naturforschers zu verdienen."

S. 640—41: „Noch viel nachtheiliger aber, als jene einseitige Richtung ist für das allgemeine Verständniß des Naturganzen der Mangel an philosophischer Bildung, durch welchen sich die meisten Naturforscher der Gegenwart auszeichnen. Die vielfachen Verirrungen der früheren speculativen Naturphilosophie, aus dem ersten Drittel unseres Jahrhunderts, haben bei den exacten empirischen Naturforschern die ganze Philosophie in einen solchen Mißcredit gebracht, daß dieselben in dem sonderbaren Wahne leben, das Gebäude der Naturwissenschaft aus bloßen Thatsachen, ohne philosophische Verknüpfung derselben, aus bloßen Kenntnissen ohne Verständniß derselben, aufbauen zu können.

„Während aber ein rein speculatives, absolut philosophisches Lehrgebäude, welches sich nicht um die unerläßliche Grundlage der empirischen Thatsachen kümmert, ein Luftschloß wird, das die erste beste Erfahrung über den Haufen wirft, so bleibt andrerseits ein rein empirisches, absolut aus Thatsachen zusammengesetztes Lehrgebäude, ein wüster Steinhaufen, der nimmermehr den Namen eines Gebäudes verdienen wird. Die nackten, durch die Erfahrung festgestellten Thatsachen sind immer nur die rohen Bausteine, und ohne die denkende Verwerthung, ohne die philosophische Verknüpfung derselben kann keine Wissenschaft entstehen. Wie ich Ihnen schon früher eindringlich vorzustellen suchte, entsteht nur durch die innigste Wechselwirkung und gegenseitige Durchdringung von Philosophie und Empirie das unerschütterliche Gebäude der wahren, monistischen Wissenschaft, oder was dasselbe ist, der Naturwissenschaft. Aus dieser beklagenswerthen Entfremdung der Naturwissenschaft von der Philosophie, und aus dem rohen Empirismus, der heutzutage leider von den meisten Naturforschern als „exacte Wissenschaft" gepriesen wird, entspringen jene seltsamen Quersprünge des Verstandes, jene groben Verstöße gegen die elementare Logik, jenes Unvermögen zu den einfachsten Schlußfolgerungen, denen Sie heutzutage auf allen Wegen der Naturwissenschaft, ganz besonders aber in der Zoologie und Botanik begegnen können. Hier rächt sich die Vernachläßigung der philosophischen Bildung und Schulung des Geistes auf das Empfindlichste."

Diese Worte sind wie für Stiebeling geschrieben. Nur behandeln sie die unphilosophischen Naturforscher noch insofern mit einer gewissen Achtung, als sie gewisse Leistungen in stofflicher Bereicherung der Wissenschaft und jedenfalls ein gewisses Maaß positiver empirischer Kenntnisse, wenn auch in einseitiger Richtung, doch über das Maaß dilletantischen Laienthums hinausgehend, voraussetzen. Diese Voraussetzungen treffen nun, wie wir sahen, bei Stiebeling auch nicht einmal zu; er holt sich seine Kenntnisse großentheils aus dem encyclopädischen Werk des befehdeten Gegners, der sich selbst in vielleicht übertriebener Bescheidenheit als Laie bekennt, und offenbart seine fachmännische Unwissenheit nicht nur in der harmlosen Aneignung veralteter Nomenclaturen und Druckfehler, sondern in noch weit haarsträubenderer Weise da, wo er hochmüthig und dummdreist sich darüber wundert, wie Hartmann zu angeblich ganz grundlosen und falschen Behauptungen kommen könne, über die Stiebeling doch aus jedem Handbuch der Physiologie, als über allgemein anerkannte wissenschaftliche Fundamentalwahrheiten hätte Belehrung suchen können.

Welche Stellung Stiebeling zu den Problemen der Wissenschaft einnimmt, erhellt in humoristischer Weise aus der Thatsache, daß Dr. Louis Büchner, der Verfasser von „Kraft und Stoff" und der consequenteste Verhöhner der Bestrebungen der deutschen Philosophie, sich getrieben fühlt, in einem Feuilleton der Frankfurter Zeitung (1871, Nr. 283) sich zum Ehrenretter der Philosophie gegen die naturwissenschaftliche Ueberhebung Stiebeling's aufzuwerfen, obwohl ihn leider die gemeinsame Gegnerschaft gegen Hartmann's idealistischen Standpunkt so weit verblendet, daß er es unterläßt, die Unwissenheit und Verständnißlosigkeit Stiebeling's auf naturwissenschaftlichem Gebiete anzuerkennen. Die Zurechtweisung Stiebeling's durch denjenigen deutschen Naturforscher, welcher bisher wohl mit Recht als der crassesten und consequenteste aller unphilosophischen Materialisten gegolten, ist so interessant, daß ich mich nicht enthalten kann, dieselbe hier beizufügen: „Herr Stiebeling als gebildeter Physiologe (?) wird ja selbst am besten wissen, daß gerade diejenige Wissenschaft, auf welche hierbei Alles ankommt, die Physiologie sich bisher allen jenen an das Philosophische streifenden Fragen über das Verhältniß von Geist und Körper, Gehirn und Seele u. s. w. gegenüber passiv verhielt, und daß erst durch das Auftreten der empirischen Philosophie hierin Einiges geändert wurde. Ebenso wenig war die Psychologie als mehr philosophische Wissenschaft im Stande oder versuchte es auch nur, jene klaffende Lücke, welche dem philosophisch Denkenden fortwährend wie ein Pfahl im Fleisch stak, auszufüllen. — Noch mehr zeigt der Ausdruck „Räthsel des Daseins", dessen sich Herr Stiebeling bedient, wie wenig er seiner eigenen Sache sicher ist. Oder bei welcher Wissenschaft wollte er sich, nachdem die Philosophie abgethan ist, die von ihm selbst gewünschte Auskunft über jene Räthsel holen?

„Keine einzelne Wissenschaft kann diese Auskunft — soweit sie überhaupt möglich ist — ertheilen, sondern nur eine aus den Resultaten aller zusammengesetzte und nach einheitlichen Gesichtspunkten geordnete logische Erörterung. Diese Erörterung ist nicht blos nothwendig und zweckmäßig in sich selber, sondern übt auch wiederum den wohlthätigsten rückwirkenden Einfluß auf den Gang der einzelnen Wissenschaften — wofür ja gerade in unseren Tagen überall die sprechendsten Beispiele aufgefunden werden können. Herr Stiebeling hat ohne Zweifel vollständig recht, wenn er den Umfang des gegenwärtigen menschlichen Wissens als unerreichbar für einen einzelnen Kopf erklärt. Aber dieses wird ja auch gar nicht verlangt, sondern nur eine Kenntniß der allgemeinen und allgemeinsten Resultate. Diese Resultate werden aber mit dem Voranschreiten der einzelnen Wissenschaften nicht complicirter oder schwerer verständlich, sondern im Gegentheil um so einfacher und verständlicher, je mehr sich die einzelne Wissenschaft ihrem Ziele oder der Erforschung der Wahrheit nähert. Wollte man jede Einzelwissenschaft lediglich sich selbst überlassen, so würde schließlich keine mehr nach der andern fragen und zuletzt wohl ein ungeheueres Chaos von Kenntnissen, erforschten Thatsachen, trefflichen Nutzanwendungen u. s. w. entstehen; aber ohne das eigentliche und höchste Ziel aller menschlichen Wissenschaft, die geistige Concentrirung und Veredelung der Menschheit....

„Das Wort „Philosophie" bedeutet „Liebe zur Weisheit"; aber auf den Namen eines Weisen darf derjenige noch lange keinen Anspruch machen, der nur in einer einzelnen Wissenschaft, wenn auch noch so Großes geleistet hat, sondern nur derjenige, welcher nirgendwo gänzlich unwissend und überall verständig ist. So kann auch nur Philosophie im guten Sinne sich an jene Aufgabe heranwagen", gestützt auf die Resultate einer nicht geringen Anzahl einzelner Wissenschaften, welche zum Theil untereinander nur sehr wenige oder gar keine directen Berührungspunkte bieten, wie z. B. Geologie, Paläontologie, Archäologie, Anatomie, Physiologie, Psychologie, Zoologie, Entwicklungsgeschichte, Sprachwissenschaft, Ethnologie, Geschichte, Socialwissenschaft, Politik u. s. w. u. s. w. Sie muß dabei (und dies ist charakteristisch philosophisch) von einem einheitlichen und durch logische Verknüpfung der Thatsachen mit feststehenden wissenschaftlichen Grundsätzen gewonnenen Princip geleitet sein — eine Forderung, welche, wenn man sie für einen solchen Zweck an eine einzelne Wissenschaft stellen wollte, ganz sinnlos sein würde. Also kann man die Philosophie vorerst nicht entbehren, wenigstens für so lange nicht, als nicht durch eine bis jetzt noch ungekannte Entwickelung der einzelnen Wissenschaften und Bildung neuer Zweigwissenschaften, die im Laufe der Zeit schon genug eingeengte philosophische Domäne ihr bisheriges Terrain ganz oder beinahe verloren hat. So wäre es möglich oder denkbar, daß die Behandlung des obengenannten Gegenstandes mit der Zeit, wie schon so viele andere Gegenstände vor ihm, aus dem Gebiete der Philosophie verschwinden und ganz oder beinahe ganz in das Gebiet einer jetzt erst im Enstehen begriffenen Wissenschaft, der **Anthropologie** oder der Lehre vom Menschen übergehen würde. Dazu wäre freilich erforderlich, daß so vieles, was jetzt noch mehr oder weniger den Charakter des Hypothetischen oder Spekulativen in der Lehre vom Menschen an sich trägt, zur wissenschaftlichen Gewißheit erhoben würde. Immerhin muß die Philosophie der Wissenschaft gewissermaßen als Wegweiser **vorangehen** und wahrscheinlich wird dieses **immer** so bleiben, da, was die Philosophie mit dem Vorschreiten der Wissenschaften auf der einen Seite verliert, sie auf der andern Seite durch Vermehrung des Denkstoffs, durch Erweiterung der Gesichtspunkte und durch Steigerung der spekulativen oder logischen Fähigkeiten wiederzugewinnen im Stande sein wird." —

Stiebeling ist nicht bloß ein Individuum, er ist ein **Typus**! Jene Sorte von einfältigem Wissenshochmuth, dem Goethe an seinem Wagner für ewige Zeiten ein mustergültiges Denkmal gesetzt hat, kehrt in Stiebeling in modernisirter Gestalt wieder. Was damals der philologische, ist heute der naturwissenschaftliche Philister in der Gelehrtenrepublik, nur daß er, wie es unserer fortgeschrittenen Zeit ziemt, noch großrednerischer geworden ist und seinen früheren ehrlichen Ameisenfleiß an den Nagel gehängt hat — überzeugt, denselben durch gesteigerte Frechheit und Großmäuligkeit in bequemerer Weise zu ersetzen — ein probates Mittel für die heutige Zeit selbst bei uns, geschweige denn in jenem gelobten Lande der Reklame, wo noch Aerzte mit ihrem Karren das Land bereisen, wie man bei uns nur noch in der Donizetti'schen Oper „der Liebestrank" sieht. Es mag sein, daß es auch bei uns in Deutschland noch so unwissende Aerzte giebt wie Herr Stiebeling, obwohl ich es bezweifle; keinenfalls würden die wenigen dieser Kategorie die Stirn besitzen, als **Schriftsteller** aufzutreten — eine solche Verhöhnung des urtheilsfähigen Publikums ist eben nur in Amerika möglich, wo dasselbe allerdings kleiner sein mag im Verhältniß zu jener rohen Lesermasse, die sich von solchem Typus verwandtschaftlich angesprochen fühlt.

Wie Wagner empfindet Stiebeling Ehrfurcht vor seinem enormen Wissen (s. S. V) und freut sich dessen: „Und wie wir's denn zuletzt so herrlich weit gebracht!" Wie Wagner ist Stiebeling absolut entblößt von jenem höchsten philosophischen Pathos, der **Verwunderung**, dem unendlichen Staunen vor den unendlichen, unergründlichen, ewig neu sich gebärenden Problemen des Daseins. Für ihn hat die Welt und die Natur nichts Problematisches, — er findet alles „ganz einfach" und wenn ich auch nicht behaupten will, daß er das Gras wachsen **hört**, so weiß er doch zweifelsohne ganz genau, wie das Gras **wächst**.

Er hat für Alles eine Erklärung, ganz wie ein genügsamer Professor des Hegelianismus, nur daß letzterer eine dialectische Kategorie aus dem so und so vielten § der Hegel'schen Encyclopädie, Stiebeling aber irgend ein anderes für ihn sinnloses Wort als völlig die Frage erledigende Erklärung hinstellt. Der tiefinnerste Trieb im Menschenwesen, der es positiv und qualitativ über die höchsten Thiere erhebt, den einzigen, der den Menschen in mehr als bloß quantitativer und graduller Hinsicht scheidet von „dem Wurme, der den Staub durchwühlt," und ihn in den verschiedensten Formen seiner Aeußerung mit dem Ewigen in unmittelbarer Verbindung erhält, dieser Trieb, den S ch o p e n - h a u e r so schön als „das metaphysische Bedürfniß" charakterisirt, er ist solchen Naturen versagt.

    „Ich hatte selbst oft grillenhafte Stunden,
    Doch solchen Trieb hab' ich noch nie empfunden."

Ganz erfüllt von dem, was ihr begrenzter Blick erreicht, haben sie kein Verständniß für den Flug des Geistes, der alle Höhen und Tiefen des Universums zu durchdringen strebt, und halten so die enge Sphäre ihres eigenen Wirkens für die allein vorhandene, und für die der ganzen Welt genügende, wie sie ihnen genügt und sie sich selbst in ihr genug thun, mit Wagner rufend:

    „Thut nicht ein braver Mann genug,
    Die Kunst, die man ihm übertrug,
    Gewissenhaft und pünktlich auszuüben? . . .
    O glücklich, wer von seinen Gaben
    Solch' einen Vortheil ziehen kann!"

Eine geistige Genügsamkeit, der gegenüber Faust voll Staunen sagen muß:

    „Wie nur dem Kopf nicht alle Hoffnung schwindet,
    „Der immerfort an schalem Zeuge klebt,
    „Mit gier'ger Hand nach Schätzen gräbt,
    „Und froh ist, wenn er Regenwürmer findet!"